伊藤 真
Makoto Ito

増補版

# 赤ペンチェック 自民党憲法改正草案

大月書店

# 現実化する改憲を前に「草案」を読む意味——増補にあたって

## 1　二〇一六年参院選の結果にどう向きあうか

二〇一六年七月に行われた参議院選挙では、与党（自民党・公明党）が改選過半数の六一を超える六四議席を獲得して勝利しました。さらに、「おおさか維新《いしん》の会」など改憲に前向きな野党を合わせると、参議院の三分の二議席を超えたと報じられています。これによって、衆議院と参議院の両院で改憲勢力が結集すれば、改憲の発議（国民に向けて改憲案を示すこと）を行うことが形式上は可能になりました。

このような事態に、私たちはどのように対処すればよいのでしょうか。

端的に言えば、「三分の二を超えた」ということに一喜一憂する必要はありません。改憲勢力が三分の二を超えれば明日にでも発議が行われる、というものではないからです。

発議に必要な三分の二の議決は、具体的にある条文を「こう変えたい」という案が各議院で議論され、発議案としてまとまってはじめて行われます。各党の状況を見ると、発議案をまとめるのはそう簡単ではありません。たとえば、本書があつかう自民党の「日本国憲法改正草案」（以下「改憲草案」）では、憲法第九条を変えて国防軍を創設するとされています（草案九条の二→34ページ）。しかしこの案に、かりにも

「平和の党」をかかげる公明党がすぐに賛成するとは考えられません。「おおさか維新の会」も二〇一六年三月に憲法改正原案を発表していますが、そこでは教育の無償化《むしょうか》、地域主権、憲法裁判所の設置が提案されています。どれも自民党の改憲草案にないものばかりです。地域主権などは、中央集権化を志向する自民党案とは逆方向ですし、大学までの教育無償化といっても、財源などが論議を呼ぶでしょう。

このように、改正の議論はこれから始まるところで、まとまるにはまだ時間がかかるのです。ただ、まさに具体的な発議を想定した議論が、戦後はじめて始まるのも事実です。安心していられるわけではありません。

憲法に何をどう定めるかは、日常とは関係のない遠い世界のことではありません。理由もなく警察に拘束《こうそく》されないこと、好きな仕事に就くこと、ネット検索を使って情報を得ること、Twitterでつぶやいたり LINEで会話したりすること……などは、憲法がそれらを自由としているからこそできるのです。憲法は私たちの生活そのものです。ですから、これから始まる改憲の議論においては、政治を議員任せにしていた人を含め、国民の一人ひとりが態度を問われるのです。

衆参両院には憲法審査会という組織が置かれており、さしあたりはそこで、憲法のどこをどう変える必要があるかが議論されることになります。私たちはまず、そこで行われる議論に注意をしながら情報を集めましょう。それをもとに賛否を考えることになりますが、「自分の頭で考える」とはいっても、何も手がかりなしには難しいでしょう。

そこで、改憲をめぐるひとつの対立軸を示します。それは、一人ひとりの個人を尊重する国づくりをめざすか、それとも、国民が国を支える役割を担いながら強い豊かな国づくりをめざすか、という対立軸です。後者は自民党改憲案の立場、前者は現在の憲法の立場といってよいでしょう。

安倍総理は折にふれて「野党は対案を出さない」と批判し、改憲の議論に応じないことは無責任だと強調します。しかし、改憲案を具体的に示すかどうかは二の次の問題です。重要なのは、「どういう国になってほしいか」ということをめぐる対立なのです。

憲法問題や政治は、私たち一人ひとりの生活の延長です。そのために憲法を学び、批判的に思考する力を培《つちか》い、その力をもって次の衆院選や憲法改正の国民投票に臨むことこそ、私たちの生活を豊かにするチャンスです。

## 2 憲法をめぐる二〇一四〜二〇一六年のできごとをふりかえる

このような状況に至った経緯を、少しさかのぼって見てみましょう。

今年（二〇一六年）は現行憲法が公布されて七〇年の節目の年に当たります。ところがこの数年来、この国では、憲法を無視した前代《ぜんだい》未聞《みもん》の国政が行われてきました。

### （1）立憲主義を軽視した政治の動き

自民党は、一九五五年の結党以来、自主憲法をつくることを目標のひとつにかかげてきました。ただ、自民党の中にも、九条を廃止して軍隊を持とうという復古的な路線と、専守防衛を堅持し経済発展を重視する路線とがあり、そのせめぎあいの結果、自衛隊は存在しつつも、その活動は国土の防衛にとどめるという抑制が働いてきました。その後九〇年代からは、アメリカの要請に応じて国外でのＰＫＯ活動や多国籍軍による武力行使に自衛隊が協力できるようにしようという流れが進んでいきます。その目標が、集団的自衛権の行使を認め、自衛隊が海外で武力行使できるように九条を変えることでした。

民主党への政権交代を経て自民党が政権に復帰すると、この目標にそって改憲への地ならしが着々と進められてきました。

二〇一三年はじめには、改憲の発議を各院の三分の二ではなく過半数でできるように、憲法九十六条を改正する考え（九十六条先行改正論）が主張されはじめます。しかし、その正体が九条改憲をねらってハードルを下げるものであることを国民に見抜かれ、改憲論はいったん下火になりました。

ところが今度は、憲法の明文に手をつける前に、自衛隊法や周辺事態法などの法律を変えることで、現実に海外での武力行使をできるようにする方向に自民党は舵《かじ》を切っていきます。その出発点になったのが、二〇一四年七月一日に示された閣議《かくぎ》決定でした。そこでは、のちに平和安全保障法制（以下「新安保法制」）に明記される内容が、内閣の決定として示されました。たとえば、①「新三要件」のもとに限定的な集団的自衛権を認めること、②「戦闘現場」以外ならば戦闘地域でも他国の武力行使を支援できること、③国連のＰＫＯ活動における「駆け付け警護」――すなわち他国部隊が攻撃を受けたときに駆け付けて武器を使い救援する活動や、停戦後に武装勢力から現地の住民を守る活動などに、自衛隊の任務を拡大すること、などです。

しかし、これらはいずれも、従来の政府の立場を大きく踏み越え、憲法九条に違反するものでした。

①については、自衛隊が個別的自衛権の行使として外国からの侵害に応戦するときも、必要最小限度の実力の行使に限るというのが政府の立場でした。集団的自衛権とは、自国が攻撃されていない場合に武力行使を認めるものですから、必要最小限度を超えるものです。さきの閣議決定は、一九七二年一〇月一四日に示された政府見解が「自衛の措置」を認めていることを根拠に「必要最小限度の集団的自衛権」

は認められるとしています。しかし、集団的自衛権の行使は自国ではなく他国の防衛ですから、言葉の定義からして「必要最小限度」を超える武力行使なのです。

②については、イラク戦争のような場合に米軍を自衛隊が支援する際にも、他国の武力の行使と一体化しないように、後方地域や非戦闘地域だけで後方支援ができるとするのがそれまでの政府の立場でした。それを「現に戦闘が行われている現場」でなければ「戦闘地域」でも支援ができるようにし、かつ、支援物資に弾薬（銃弾、砲弾、爆弾、爆薬も含む）を含めています。これを武力行使ではないと言うのは非現実的でしょう。

③については、かりに駆け付け警護を認めれば、武装集団がもつ武力に自衛隊が対抗しなければなりませんから、事態によっては憲法が禁止する「武力」を行使せざるを得なくなります。

このような防衛政策が必要ならば、まず憲法を改正しなければなりません。憲法は国の最高法規（現行九十八条1項）だからです。そうせずに、時の内閣の判断で憲法違反の閣議決定を行い、さらに憲法違反の安保法制を数の力で成立させ、その内容に合わせて憲法を変えることで現状を正当化するというのは、立憲主義（→17ページ）を無視する、いわば「法の下克上《げこくじょう》」というべきものです。

この閣議決定から半年経った二〇一四年一二月、安倍政権は「景気回復、この道しかない」というスローガンをかかげて解散総選挙を行いました。選挙結果は、定数四七五議席中、与党が三二六議席（自民党二九一議席、公明党三五議席）を獲得、衆議院で三分の二を確保します。この勝利により政府は、さきの閣議決定が国民の信任を得たと考えました。

たしかに、閣議決定の内容にふれているのは、三〇〇近くある自民党の選挙公約の中の一項目にすぎません。しかしそれでも、選挙に勝てば、政権与党はそれまでの政策が民意の支持を得たものとしてあつかいます。もちろん閣議決定の内容は選挙結果とかかわりなく違憲ですが、正式に司法の判断が示されるまでは、「合憲だ」という政治的主張が通用してしまうのです。

改憲草案は、直接には憲法の原案ですが、その党がめざす理想の国家像を示しているものでもあります。いちいち選挙で公約に挙げなくても、改憲案に示された国家像は自民党の公約そのものとみることができます。軍事機密の保護を目的とした特定秘密保護法、集団的自衛権の行使を具体化する日米防衛協力のための指針（ガイドライン）の見直し、そして新安保法制のどれもが、すでに改憲草案には示されていました（草案九条の二）。自民党は、この改憲草案をゴールとして、この国の形を着実に変えてきており、そこで示されていることについて、あえて選挙のたびに明示的に争点にするまでもないということでしょう。

## （2）立憲主義を回復するための市民の動き

このように憲法を無視した国政運営に反対する市民の運動は、二〇一四年の閣議決定の前後から広がりを見せます。

集団的自衛権の行使が違憲であるという指摘は、憲法学者や元内閣法制局長官らからも、数多くなされていたところでした。二〇一五年六月、衆議院憲法審査会において参考人の憲法学者三人すべてが新安保法制を違憲と表明し、それに対する政府の答弁の不誠実・不十分さが国民の目に明らかになったことで、集会、デモ、国会要請、署名等さまざまな形で反対運動が展開され、各界各層に広がり大きなうねりとなっていきました。

これらの運動は、原発や特定秘密保護法に反対する運動の流れも汲《く》みながら、ＳＮＳを駆使し、これまであまり表に出ることのなかった若者（大学生・高校生）、子どもをもつ母親やお年寄り、学者・文化人など幅広い層に広がり、自覚的・主体的な政治参加として、全国各地に大きく広がっていきます。

一方、各弁護士会、弁護士会連合会も、かつてない広がりをもった運動を展開しました。全国の五二の弁護士会すべてが閣議決定・新安保法制に反対する会長声明や決議を発表したほか、日弁連は二〇一四年末から全国キャラバン運動として、全国各地の弁護士会とともに全国的な運動を展開します。この動きは、これまで個別に行われてきた市民運動をひとつに結集し、統一的な運動に発展させるきっかけとなりました。

こうして、二〇一五年八月三〇日には国会議事堂周辺に一二万人を超える市民が参集し、参議院での強行採決が危ぶまれる九月一四日には四万五〇〇〇人が国会議事堂を包囲するなど、同月一九日未明の採決に至るまで、連日数万人規模の安保法制反対集会が続けられました。その中心になったのが、「立憲デモクラシーの会」「安全保障関連法に反対する学者の会」「安保関連法に反対するママの会」「ＳＥＡＬＤｓ《シールズ》（自由と民主主義のための学生緊急行動）」「戦争させない・9条壊すな！総がかり行動実行委員会」の五団体です。そしてこの反対運動は、国会周辺にとどまらず、全国各地にも大きく広がっていきました。

市民による反対運動は、街頭デモや署名などで世論に働きかけることも手段のひとつですが、最終的にそれが政治に反映されるためには、選挙を通じて国会の議席を占める必要があります。しかし、多くの野党が独自候補を立てる選挙戦では、票が分散し、市民の声は国会に反映されません。そこで、さきの五団体は二〇一六年の参院選にむけて「市民連合（安保法制の廃止と立憲主義の回復を求める市民連合）」を結成し、野党の共闘を呼びかけ、それに呼応した民進・共産・社民・生活の四野党は参院選一人区のすべてで野党統一候補を実現しました。

市民連合のフェイスブック（七月一一日付）によれば、選挙の結果、野党四党の当選者は、前回参院選の二八名に対し、今回は四四名に達しました。とくに、与党が有利な一人区では、前回三二選挙区中二名だったのに対し、三二選挙区中一一名が当選しました。加えて、福島と沖縄の各選挙区では安倍内閣の現職閣僚二人が落選しています。

市民運動と、その後押しに支えられた野党共闘は、まだ道半ばですが、それでもこれだけの成果を示すことができました。この成果は、次の衆院選に向けた野党の選挙戦略に大きな影響を与えるでしょう。

### （3）安保法制違憲訴訟の会の発足と裁判

こうして、選挙によって新安保法制を廃止し、立憲主義を回復することは、次の選挙まで持ち越されました。しかし、立憲主義の回復は、裁判所の違憲審査権を通じてなされるのが憲法本来のあり方です。

私たち弁護士有志は、二〇一五年「安保法制違憲訴訟の会」を立ち上げました。共同代表は、内田雅敏、黒岩哲彦、杉浦ひとみ、田村洋三、角田由紀子、寺井一弘、福田護、堀野紀の各氏に私（伊藤）を加えた九名です。司法を通じて、この異常事態から脱却し、政権与党による憲法破壊のクーデターを阻止し、日本の憲法価値を保守し立憲主義と民主主義を取り戻す思いをともにした九名です。

現在、全国各地で安保法制違憲訴訟が提訴されています。二〇一六年四月二六日の東京第一次提訴、同日の福島いわき支部での提訴、五月六日高知、六月八日大阪、長崎、一七日岡山、二〇日埼玉と順次提訴がなされ、その後も札幌、神奈川、埼玉、長野、京都、広島、山口、福岡、大分など各地で、それぞれ地域の特殊性を活かした提訴が予定されています。

訴えの内容は、集団的自衛権の行使容認などを内容とする「平和安全保障法制」に対して、自衛隊の防衛出動を差し止めること、それにより平和的生存権と人格権が侵害された国民・市民、基地周辺住民への国家賠償を求めるものです。

この訴訟を起こした理由にはいくつかのものがあります。人権を侵された人を救済すること、憲法違反の政治を正すことがその理由ですが、それにとどまるものではありません。とくに、裁判を通じて社会に働きかけ、世論を盛り上げることにも力点を置いているのです。たとえば下級審で違憲判決がひとつ示されるだけでも、世論を盛り上げることにも力点を置いているのです。裁判所の判断が一枚岩でないことが示されます。また、裁判をマスコミが報道したり、デモ行進とタイアップしたりすることにより、裁判と世論との相乗効果も生むでしょう。こうして社会にインパクトを与え、世論を盛り上げながら、選挙を中心とした政治過程で違憲性を正すことも、同時にねらっているのです。

## 3 ふたたび自民党改憲草案を読む意味

以上のような立憲主義を回復しようとする動きに対して、政権側には、憲法違反の国政運営を継続して事実状態を先行させ、次いで、その事実状態の違憲性を解消するために、憲法を変えてしまおうという動きすらあります。憲法九条をめぐる「法の下克上」はさきにふれましたが、一人一票の問題も同様です。自民党はさきの参議院選で、「一人一票の人口比例選挙でなくてもよい」とする趣旨の改憲を公約にかかげていたからです。

しかし、違憲の事実状態をつくりだし、それを既成事実として認知させ、あとから憲法改正で追認するという非立憲的《ひりっけん》（立憲主義に反する）な手法は断じて許されません。規範と現実が食い違うときに、現実に規範を合わせて修正するのでは、規範の存在意義がなくなってしまいます。「あるべき姿」である憲法規範に、いかに現実を近づけていくかが、憲法尊重擁護義務《そんちょうようご》（現行憲法九十九条）を負っている政治家の責務なのです。政治家が違憲の既成事実をつくり上げ、それを国民に追認させるなど、許されてよいはずはありません。

二〇一六年の参院選で国会の改憲勢力が三分の二を占めるに至り、憲法改正が現実の可能性になりつつあります。違憲の国政運営を追認する憲法改正が非立憲的な政治手法であることをあらためて確認し、「立憲主義」という評価軸を備えておくことが、今後の国民投票に際しても大切になっているのです。

憲法改正の国民投票は国の根本を決める投票であり、その結果は、普通の選挙と比べものにならないほど、私たちの生活を変えてしまうものです。そこでどういう投票をするか。まずは、自民党の改憲草案をあらためて、しっかり読むことから始めてみてください。

増補版の刊行にあたって、今後の国民投票に関して懸念される問題点は「今後の憲法改正への流れ」（→114ページ）に、情勢をふまえて新たに解説しました。

現在、もっとも有力な改憲条項と目《もく》されている「緊急事態条項」についても、その危険性を詳しく解説しています（→96ページ）。また、特定秘密保護法や新安保法制など、初版以降に新たに成立した法制との関連も踏まえ、一部の記述を改訂しました。

では、いよいよ改憲草案のチェックに進みましょう。

## 最初の問題

次のAとBは、どちらが正しいでしょうか。

**A** 憲法は、国民が守るべき義務です。

**B** 憲法は、権力者が守るべき義務です。

正解はBです。
では、続けて次の問題に答えてください。

## 憲法チェック・トレーニング問題

問❶ 憲法とは、ずばりなにが書いてあるのでしょうか。
問❷ 憲法は、どうして必要なのでしょうか。
問❸ 法律と憲法は、本質的にどう違うのでしょうか。

**答え**

❶ 憲法には「統治のあり方」が定められています。国家を統治する基本構造についての定めが載っていて、権力者は、憲法に書かれたルールにのっとって国を治めます。また、憲法には、国家権力や多数派が奪えない、平和や人権といった普遍的な価値が書き込まれています。

❷ 原始的な社会や専制君主国家でも「憲法」と呼ばれる慣習的なルールはありました。しかし、権力者の自由度が比較的高かったため、時として横暴な政治が行われ、国民を強く抑圧することがありました。そこで近代以降の憲法は、国家権力から国民の権利・自由（人権）を保障（守ること）するために、権力者が守るべきことを定めるようになりました。このような考え方を「（近代）立憲主義」と呼びます。憲法は、権力者の上位に立ち、権力に歯止めをかけるためのものです。

❸ 法律は国民の自由を制限して、社会の秩序を維持するためのものです（国民に対する歯止め）。

憲法は、国家権力を制限して、国民の人権を保障するものです（国家に対する歯止め）。国家権力を制限して国民の権利・自由を守るのが憲法ですから、人権の規定が多く載っています。

**問❹** 立憲主義に基づく憲法とはどういうものですか。

**問❺** 立憲主義に基づく憲法がもつ三つの特徴をあげなさい。

**問❻** 国家と憲法の関係をまとめましょう。

**答え**

❹ 立憲主義は「自由と人権を保障するための原理」ですから、そこには必ず人権保障の定めがあります。また、国家の作用を立法・行政・司法の三つに分類し、それぞれの機関を独立させる、権力分立（三権分立）の定めも必要であると考えられています。したがって、立憲主義に基づく憲法には、権力によっても侵すことができない人権保障の規定と、権力に歯止めをかける仕組みとしての権力分立の定めがあるということになります。
民主主義社会においては、国民の多数派が議会を通じて権力を行使しますが、人権は多数決でも奪ってはならないものですから、それにも憲法が歯止めをかけることになります。こうして憲法は、強い立場の者から弱い立場の者を守る役割を果たします。

❺ ①憲法の目的は国民の自由（人権）を守ること（自由の基礎法）。
②憲法が定めた以外の権限は国家には与えられない（制限規範性）。
③憲法はどの法よりも上位に位置している（最高法規性）。

❻国家は「有無を言わせない力＝権力」をもっています。国民は、決められた税金は払わなければなりませんし、徴兵制《ちょうへいせい》があれば兵隊にならなければなりません。このように、権力によって国民を従わせるのが国家です。国家とは「権力をもった統治の主体」であり、「国民の自由を制限する」面をもっています。ここでいう国家とは人為的に作られた権力主体としての国（state）であって、我が祖国《そこく》、故郷という意味の国ではありません。

憲法とは、あくまでこの国家を制限するためにつくられたもので、国民の自由を侵害させないようにすることこそ、憲法の存在意義です。したがって、憲法は国民に向けられたものではなく、国家に対して向けられたものであるので、国民の義務ではなく、自由と人権を保障する規定が中心となっています。

ここでのチェックの重要なキーワードは「立憲主義」です。

この視点を忘れずに、これから読む自民党の「日本国憲法改正草案」の条文をチェックしてください。条文を読んで判断に迷うときは、この基本的な問いにもどって考えてみてください。

## ●立憲主義とは

立憲主義は「国民の権利・自由を保障すること」を第一の目的として、権力者を拘束する原理です。近代以前の社会でも、権力者がその社会をどう統治するかの基本構造について定めた「憲法」（統治のルール）は存在しましたが、その「憲法」は権力者が自由に変えることができ、人々は権力者の意のままに不公平なルールを押しつけられることもありました。

立憲主義の考えは古代ギリシャ・ローマ時代にすでにあり、人間の自由を守るために政治権力をいくつかに分け、相互に牽制《けんせい》させ、権力の濫用を防ごうという試みが行われていましたが、当時の憲法は主に「統治のルール」として、権力者による統治を正当化する役割を果たすものでした。中世になると、国王や貴族・封建領主、教会のような権力が互いに牽制し合うことで、一種の権力分立状態ができました。また、特権階級が既得権を守るため、国王といえども従わなければならない「根本法」があるという考え方が出てきました。

身分制や権力者による市民への抑圧に疑念を持ち、「一人ひとりの自由を最優先させるべきだ」と唱えたジョン・ロックや、市民の政治参加を唱えたジャン＝ジャック・ルソーなどの啓蒙思想は、アメリカ独立革命やフランス革命に大きな影響を与え、「人権保障」と「権力分立」を特徴とする近代憲法がつくられました。そしてこの考え方は、現在の先進国に共通する価値観となっています。

このように近代以降の憲法は、国家権力から国民の自由を守るためにつくられたので、権力者がどのような権力を持ち、どのように行使できるかを定め、憲法は権力者の上位に立ち、権力に歯止めをかけるものであるという立憲主義の考えが元になっています。

「個人の尊重が国家の基本的な価値である」ことが中心で、それを実現するために立憲主義が採用されているといってもいいでしょう。ゆえに、憲法には必ず人権保障と、国家の権力を分ける権力分立（三権分立）の定めが必要となります。

国家は、個人の自由を制限し、有無を言わさず従わせる権力を行使し、国民を支配するという本質をもっています。立憲主義に基づく憲法とは、人々が強大な権力をもつ国王や領主たちに支配され、日々の生活から職業や結婚、宗教や人生観にいたるまで、がんじがらめに縛られていた時代に逆もどりしないように、国家権力をあらかじめ制限し、国民の自由を侵害させないようにするものです。

こうした理由から、近代以降の憲法には国民の義務を定める規定はきわめて少なく、自由と人権を保障する規定が中心となっています。

立憲主義的憲法は民主国家においても採用され、民主的な手続きによって選ばれた代表の治める国、つまり国民自身の多数意思であっても、憲法の定めに反することはできません。

＊本書の構成について

項目別に「自民党草案」と「現行憲法」を並記します。

「自民党草案」の改正部分（実質的な修文事項）は赤字表記になっています。旧かな使いから新かな使いへの変更など、実質的でない変更は省略しました。

チェックポイントが明らかになる「チェック問題」を置き、それに対応する「赤ペンチェック」として解説を載せました。草案および現行憲法の条文中で、問に関連する部分を番号（①②等）と傍線で示しています。

自民党の「日本国憲法改正草案Q＆A」を一部整理して引用し「自民党の改正理由」として載せました。

最後に「あなたの赤ペン」の欄を設けました。最終チェックをするのはあなたです。

●なお、本書では草案で改正される主な条文をとりあげましたが、一部は割愛しています。
自民党作成の「日本国憲法改正草案対照表」および「日本国憲法改正草案Q＆A」全文は、左記でご覧になれます。
http://constitution.jimin.jp/draft/（自民党公式ＨＰ上）

もくじ

# 前文

## 自民党草案

（前文）

（第一段落）②日本国は、長い歴史と固有の文化を持ち、国民統合の象徴である①天皇を戴《いただ》く国家であって、国民主権の下、立法、行政及び司法の三権分立に基づいて統治される。

（第二段落）②我が国は、先の大戦による荒廃や幾多の大災害を乗り越えて発展し、今や国際社会において重要な地位を占めており、平和主義の下、諸外国との友好関係を増進し、世界の平和と繁栄に貢献する。

（第三段落）日本国民は、③国と郷土を誇りと気概を持って自《みずか》ら守り、基本的人権を尊重するとともに、和を尊び、家族や社会全体が互いに助け合って国家を形成する。

（第四段落）我々は、自由と規律を重んじ、美しい国土と自然環境を守りつつ、教育や科学技術を振興《しんこう》し、活力ある経済活動を通じて国を成長させる。

（第五段落）日本国民は、良き伝統と我々の国家を末永く子孫に継承するため、ここに、この憲法を制定する。

# 現行憲法

（前文）

②日本国民は、正当に選挙された国会における代表者を通じて行動し、われらとわれらの子孫のために、諸国民との協和による成果と、わが国全土にわたつて自由のもたらす恵沢《けいたく》を確保し、政府の行為によつて再び戦争の惨《さん》禍《か》が起ることのないやうにすることを決意し、ここに主権が国民に存することを宣言し、この憲法を確定する。そもそも国政は、国民の厳粛《げんしゅく》な信託によるものであつて、その権威は国民に由来し、その権力は国民の代表者がこれを行使し、その福利は国民がこれを享受《きょうじゅ》する。これは人類普遍の原理であり、この憲法は、かかる原理に基《もと》くものである。われらは、これに反する一切の憲法、法令及び詔勅《しょうちょく》を排除する。

日本国民は、恒久《こうきゅう》の平和を念願し、人間相互の関係を支配する崇高《すうこう》な理想を深く自覚するのであつて、平和を愛する諸国民の公正と信義に信頼して、われらの安全と生存を保持しようと決意した。われらは、平和を維持し、専制と隷従《れいじゅう》、圧迫と偏狭《へんきょう》を地上から永遠に除去しようと努めてゐる国際社会において、名誉ある地位を占めたいと思ふ。われらは、全世界の国民が、④ひとしく恐怖と欠乏から免《まぬ》かれ、平和のうちに生存する権利を有することを確認する。

われらは、いづれの国家も、自国のことのみに専念して他国を無視してはならないのであつて、政治道徳の法則は、普遍的なものであり、この法則に従ふことは、自国の主権を維持し、他国と対等関係に立たうとする各国の責務であると信ずる。

日本国民は、国家の名誉にかけ、全力をあげてこの崇高《すうこう》な理想と目的を達成することを誓ふ。

チェック問題

問❶ 第一段落に「天皇を戴《いただ》く国家である」と入れたことには、どのような意図があるでしょうか。

問❷ 第一段落、第二段落の冒頭を、現行憲法の「日本国民」から、「日本国」「我が国」と変えることで、どのような違いがでるでしょうか。

問❸ 第三段落で国を「自《みずか》ら守る」と入れたことで、国民にどのような義務が生じるでしょうか。

問❹ 草案の前文で抜け落ちてしまった重要な権利とはなんでしょうか。

## 自民党の改正理由

現行憲法の前文は、全体が翻訳調でつづられており、日本語として違和感があります。そして、その内容にも問題があります。前文は、我が国の歴史・伝統・文化を踏まえた文章であるべきですが、そうした点が現れていません。また、前文は、いわば憲法の「顔」として、その基本原理を簡潔に述べるべきものですが、憲法の三大原則のうち「基本的人権の尊重」はありません。

特に問題なのは、「平和を愛する諸国民の公正と信義に信頼して、われらの安全と生存を保持しようと決意した」という部分です。これは、ユートピア的発想による自衛権の放棄にほかなりません。

第一段落では、我が国が長い歴史と固有の文化を持ち、国民統合の象徴である天皇を戴く国家であることを明らかにし、また、主権在民の下、三権分立に基づいて統治されることをうたいました。

第二段落では、戦後の歴史に触れた上で、平和主義の下、世界の平和と繁栄のために貢献することをうたいました。

第三段落では、国民は国と郷土を自ら守り、家族や社会が助け合って国家を形成する自助、共助の精神をうたいました。その中で、基本的人権を尊重することを求めました。党内議論の中で「和の精神は、聖徳太子以来の我が国の徳性である」という意見があり、「和を尊び」という文言《もんごん》を入れました。

第四段落では、自民党の綱領の精神である「自由」を掲げるとともに、自由には規律を伴うものであることを明らかにした上で、国土と環境を守り、教育と科学技術を振興し、活力ある経済活動を通じて国を成長させることをうたいました。

第五段落では、伝統ある我が国を末永く子孫に継承することをうたい、新憲法を制定することを宣言しました。

**赤ペンチェック**

**問❶赤ペン** 草案で、天皇を「戴く」という表現によって天皇の権威を強化している点は、国民主権（＊）を後退させるものです。また、天皇制こそが日本の伝統ある国家像だというのは、必ずしも歴史的真実ではありません。
改正理由にある、前文が「我が国の歴史・伝統・文化を踏まえた文章であるべき」という考えは、憲法にそぐわないものです。なぜなら、歴史・文化・伝統など、個々の評価や価値観が違うものについて憲法に載せることは、特定の評価や価値観を押しつけ、また、異なる考えの人を排除することにつながるからです。憲法は、世界の誰しもが共通とする「人間であること」、つまり「人権」を擁護《ようご》するものです。

＊国民主権…現行憲法により主権は天皇から国民に移った。国民主権とは、国民が国家統治の最高の地位（主権）にあるということ。つまり、憲法を制定して国のあり方を定め、国家権力に歯止めをかけるのも、国会議員を通じて政治を行うのも、ほかでもない国民であるということを意味している。したがって国民は、主権者として、国政が国民の意思に沿ったものであるかどうかを監視しつづける必要がある。

**問❷赤ペン**　現行憲法が「日本国民は」で始まっていたのを、草案第一段落は「日本国は」に、第二段落は「我が国は」に変えました。このことは、「国民」よりも「国家」を尊重し、国民主権を後退させていると言えます。また、第二段落でさきの大戦にふれるのであれば、わが国を被害者としての立場でとらえるだけでなく、近隣諸国やわが国の国民に甚大《じんだい》な被害を与えた加害者としての立場にもふれる必要があります。そのことを抜かして「今や国際社会において重要な地位を占めて」いると自ら言うのは、いかがなものでしょうか。

**問❸赤ペン**　第三段落で、国民が国を自ら守ることを抽象的ながら義務化していること（国防義務）を見落としてはならないでしょう。これは、立憲主義、平和主義（＊）いずれとも相容れません。人権保障に後ろ向きで、義務の拡大に前のめりな態度が表れていると言えます。

また、「和を尊び、家族や社会全体が互いに助け合って国家を形成する」とありますが、そもそも、そのような内容は個人のモラルにゆだねるべき問題であり、ことさらに憲法を通じて義務化することは、立憲主義にそぐわないものです。すなわち、和、家族のあり方、社会の助け合いなどの是非は、自由主義社会では自由な討論によって検討されるべきであり、最終的には個人の内心にゆだねられるべき問題です。つまり国家が介入する問題ではなく、ましてや、国家権力を縛って国民の自由を確保するための立憲主義的憲法に定めるべき内容ではありません。憲法は「文化・歴史・伝統」などから中立であるべきなのです。

こういった価値観の違う観念について憲法に入れれば、国民の分断を招くからで、あくまで憲法は普遍的な人権を保障するものです。また、「基本的人権を尊重する」ことを国ではなく国民に求めていますが、これも立憲主義に逆行しています。

＊平和主義…現行憲法で平和主義がうたわれているのは「前文」と「九条」である。前文の「平和を愛する諸国民の公正と信義に信頼して、われらの安全と生存を保持しようと決意した」とは平和主義の理念を示したもので、平和構想を提起したり、紛争緩和《かんわ》の提言を行ったりして武力以外の方法で平和への積極的努力をすることをも含んでいる。これを受けて九条1項で戦争放棄を、2項で戦力不保持と交戦権の否認を定めている。

**問❹赤ペン** 現行憲法の平和的生存権（「ひとしく恐怖と欠乏から免《まぬ》かれ、平和のうちに生存する権利」）を削除したことを見逃すわけにはいきません。つまり「一人ひとりの個人にも平和を享受《きょうじゅ》する権利がある」という平和的生存権によって導かれる、個人に根差した平和主義を否定しているのです。平和のうちに人間として存在することはもっとも基本的な人権と言えます。これを削除したことは、前文三段の国民の国防義務とも関連があります。

**その他** 第四段落の「国土と自然環境を守りつつ、教育や科学技術を振興《しんこう》し、活力ある経済活動を通じて国を成長させる」ことは、たしかに国家の重要な課題ともいえますが、立憲主義的憲法は個人の人権を守るために、国家を縛る役割を果たすものですから、このような内容を定めるべきではないでしょう。これでは、国家を成長させるために国民がいるのだという、国家ありきの視点になってしまいます。憲法に定める必要はなく、成長戦略に関する基本法を法律で定めれば済む問題です。

続く第五段落には、国民が「この憲法を制定する」と明記されていますが、これはこの草案に「改正」という語を使っているものの、実質的には新憲法の制定を目指したものにほかならないということです。しかも、新憲法を制定する趣旨は、伝統と国家を子孫に継承するためだとあります。繰り返しますが、憲法の本質は、個人の尊重を実現するために国家権力を縛ること、言い換えれば権力規制規範たることにこそあるのですから、これはおかしなことです。

**まとめ**

草案前文のどこにも、改正の理由や改正憲法の由来が示されていない点は問題です。自民党の「日本国憲法改正草案Q＆A」によれば、実際に国会に憲法改正原案を提出する際には「シングルイシュー（一つのテーマごとに国会に憲法改正原案を提出）になる」とされているので、この草案は必ずしも憲法の全面改定をねらうものではありませんが、全体を通じた改正案を示すのであれば、改正の理由や改正憲法の由来を前文に明記すべきです。前文とは、憲法全体を通じた原理・原則や考え方を示すために置かれるものだからです。それが示されていないため、多くの重要な条文をなぜ変更したのか、何を目的とした改正であるのかが判然としません。この前文は、役割を十分に果たしてないと言えるでしょう。

内容面としては、国民を統治するための規範として復古調の価値を明記することは、近代立憲主義の放棄といっても過言ではありません。

以上のように、この草案は、前文においてすでに、近代立憲主義という現行憲法の根幹を方向転換するものであることがわかります。国民が主人公である憲法から、国家が主人公である憲法へと、この国の形を大きく変えようとする考えがこめられています。

**あなたの赤ペン**

# 天皇

## 自民党草案

第一章　天皇

（天皇）

第一条　天皇は、日本国の①元首であり、日本国及び日本国民統合の象徴であって、その地位は、主権の存する日本国民の総意に基づく。

第二条（略）

②（国旗及び国歌）

第三条　国旗は日章旗《にっしょうき》とし、国歌は君が代とする。

2　日本国民は、国旗及び国歌を尊重しなければならない。

③（元号）

第四条　元号は、法律の定めるところにより、皇位の継承があったときに制定する。

（天皇の権能《けんのう》）

第五条　天皇は、この憲法に定める国事に関する行為を行い、国政に関する権能を有しない。

（天皇の国事行為等）

第六条　天皇は、国民のために、国会の指名に基づいて内閣総理大臣を任命し、内閣の指名に基づいて最高裁判所の長である裁判官を任命する。

2～3（略）
4　天皇の国事に関する全ての行為には、④内閣の進言《しんげん》を必要とし、内閣がその責任を負う。ただし、衆議院の解散については、内閣総理大臣の進言による。
5　第一項及び第二項に掲げるもののほか、⑤天皇は、国又は地方自治体その他の公共団体が主催する式典への出席その他の公的な行為を行う。
第七～八条（略）

## 現行憲法

第一章　天皇
第一条　天皇は、日本国の①象徴であり日本国民統合の象徴であつて、この地位は、主権の存する日本国民の総意に基く。
第二条（略）
第三条　天皇の国事に関するすべての行為には、内閣の④助言と承認を必要とし、内閣が、その責任を負ふ。
第四条　天皇は、この憲法の定める国事に関する行為④のみを行ひ、国政に関する権能を有しない。
第四条2、五～八条（略）

チェック問題

問❶　天皇を「象徴」から「元首」に変えることによって、どのような違いがでるでしょうか。

問❷　国旗・国歌を憲法で制定することには、どのような意図があると思いますか。

問❸　元号に関する条項を新たに制定するのは、どんな意味がありますか。

問❹　天皇の国事行為に内閣の「進言」を必要とする、とはどういうことでしょうか。

問❺　天皇の公的な行為を新たに明記したことには、どのような意味がありますか。

## 自民党の改正理由

一条で天皇を「元首」と明記しました。元首とは国の第一人者を意味します。明治憲法には、天皇が元首であるという規定が存在していました。また、外交儀礼上でも天皇は元首として扱われています。したがって、我が国において、天皇が元首であることは紛れもない事実ですが、それをあえて規定するかどうかという点で、議論がありました。自民党内では賛成論が大多数でしたが、反対論として、世俗の地位である「元首」をあえて規定することにより、かえって天皇の地位を軽んずることになるといった意見がありました。

我が国の国旗及び国歌は「国旗及び国歌に関する法律」によって規定されていますが、国旗・国歌は国家を表象的に示すいわば「シンボル」であり、また、国旗・国歌をめぐって教育現場で混乱が起きていることを踏まえ、第三条に規定を置くこととしました。我々が「日の丸」と呼んでいる「日章旗」と「君が代」は不変のものであり、固有名詞で規定してもよいとの意見が大勢を占めました。国旗及び国歌を国民が尊重すべきであることは当然のことであり、2項の規定によって国民に新たな義務が生ずるものとは考えていません。

四条の元号の規定は、現在の「元号法」の規定をほぼそのまま採用したものです。

現行憲法では天皇の国事行為には内閣の「助言と承認」が必要とされていますが、天皇の行為に対して「承認」とは礼を失することから、「進言」という言葉に統一しました。従来の学説でも「助言と承認」は一体的に行われるものであり、区別されるものではないという説が有力であり、「進言」に一本化したものです。
5項に「天皇の公的行為」を明記したのは、現に、国会の開会式で「おことば」を述べること、国や地方自治体が主催する式典に出席することなど、天皇の公的な性格を持つ行為は、現行憲法には位置付けがなされていません。そこで、こうした公的行為について、憲法上、明確な規定を設けるべきであると考えました。一部の政党は、国事行為以外の天皇の行為は違憲であると主張し、天皇の御臨席を仰いで行われる国会の開会式にいまだに出席していません。天皇の公的行為を憲法上明確に規定することにより、こうした議論を結着させることになります。

**赤ペンチェック**

**問❶赤ペン** 改正理由に「……天皇が元首であることは紛れもない事実」とありますが、憲法学説ではむしろそれとは異なる考えが多数であり（＊1）、立論の出発点にまず問題があります。
また、元首であると明記することは、天皇の権能《けんのう》（権利を主張し行使できる能力）を実質化・拡大させるおそれがあり（＊2）、ひいては天皇主権を強化し、国民主権を弱めるおそれがあるでしょう。改正理由の中で示されている、自民党内で天皇の元首化反対の意見が出された理由をみれば、この草案の真意が読みとれます。天皇の神格化をねらう動きがあることには十分注意する必要があります。

＊1 「元首の要件でとくに重要なものは、外国に対して国家を代表する権能（条約締結とか大使・公使の信任状を

発受する権能）であるが、天皇は外交関係では……形式的・儀礼的行為しか憲法上は認められていない。したがって、伝統的な概念によれば、日本国の元首は内閣または内閣総理大臣ということになる（多数説）。」（芦部信喜『憲法』岩波書店）

＊2 「……わが国では、元首という概念それ自体が何らかの実質的な権限を含むものと一般に考えられてきたので、天皇を元首と解すると、認証ないし接受の意味が実質化し、拡大するおそれがあるところに、問題がある。」（芦部信喜『憲法』岩波書店）

**問❷赤ペン** 三条の1、2項は、日の丸・君が代の尊重義務を国民に課するものです。たしかに多くの国民は、日章旗《にっしょうき》（日の丸の旗）が日本の国旗であり、君が代が日本の国歌であることに違和感を持っていないかもしれません。しかし、そう感じない人たちがいる以上、ことさらに憲法に明記すべきではありません。教育現場での混乱は、むしろ多様性を認めるような行政の対応によって収束させるべき問題であり、憲法に国旗・国歌条項を設けることによって解決すべき問題ではないでしょう。

さらにいくつかの問題があります。第一は、日の丸・君が代を通じて国家に対する尊重と忠誠を求める動きにつながるおそれがあることです。個人と国家という二つの価値が衝突したとき、国家が尊重されるのであれば、そのことが国防義務や徴兵制の法制化に根拠を与えるとともに、国家の元首である天皇に対しても、天皇尊重擁護《ようご》義務すら引きだされうるのです。ひいては、現行憲法では削除された不敬罪《ふけいざい》のような刑罰をもって、天皇や国旗・国歌への尊重・忠誠を法律上強制されかねないとも言えます。

第二は、立憲主義の立場からは、国民の義務を憲法に明記することには抑制的でなければならないということです。

第三の問題は、この義務が、思想・良心の自由を侵害することです。人権を保障する真の意義は、少数派の自由を守ることにあります。日の丸が天皇のために戦う旗印であり、君が代は天皇の世が永く続くように願う歌として、戦前の軍国主義と結びついていたと考える人もいます。そのような歴史観をもつ人がたとえ少数でも、その人格的アイデンティティを尊重し、そこに干渉しないことこそ、憲法が思想・良心の自由を保障する真の意義があります。

第四は、国旗を「日章旗」、国歌を「君が代」と憲法で明記することです。国旗や国歌を変更した例は少なくありません。日章旗や君が代を不変のものとして、憲法で固定する必要はないでしょう。

**問❸赤ペン** 草案四条は、内容としては元号法（昭和五四年法律43号）と同じです。ただ、憲法条項に明記がなくとも元号の運用に支障はなかったのですから、あえて憲法条項に格上げした趣旨は、元号と密接に関連する天皇制を強化する意図があると推察でき、国民主権を後退させることにつながります。そもそも、天皇制を支持したり元号を用いたりするかどうかは、個々人の心の問題であり、憲法で一律に定めるべき問題ではありません。

**問❹赤ペン** 草案六条4項の「進言」という言葉ですが、進言とは本来、目上の者に対して意見を述べることを言います。この言葉を使うことによって、上下関係を意識させることは、天皇の権能を強化し、国民主権を後退させることにつながるでしょう。一般に、天皇の権能を強化することが問題なのは、それを政治的に悪用されると、国家権力の中枢部分を都合のいいように動かせるからです。

現行憲法四条には、「国事に関する行為のみを行ひ」とありますが、草案五条では「のみ」という限定が外されている点もあわせて見てください。天皇の権能を限定する考えが弱まり、天皇の権能強化、国民主権の後退を招くおそれがあります。

**問5赤ペン** 草案六条5項で天皇の公的行為を新たに規定しています。現行憲法には明記されていませんが、解釈として認めるのが多数説です。「公的行為」の名の下に天皇の権能が拡大されないよう、国事行為に準じて内閣のコントロールを求めてきたのです。しかし草案は、公的行為を明文化し、公的行為に内閣の「進言」を必要としていません。つまり、草案は、全体を通じて天皇の地位を強めるトーンで一貫しているのです。これでは公的行為が無限定に行われるおそれもあり、運用次第で天皇の政治利用につながる危険があります。

**まとめ** 天皇の権力行使を憲法によって抑制することこそ立憲主義憲法の重要な目的のひとつです。

**あなたの赤ペン**

# 戦争の放棄・安全保障

## 自民党草案

第二章　①安全保障

（平和主義）

第九条　日本国民は、正義と秩序を基調とする国際平和を誠実に希求し、国権の発動としての戦争を放棄し、武力による威嚇《いかく》及び武力の行使は、国際紛争を解決する手段としては用いない。

2　前項の規定は、②自衛権の発動を妨《さまた》げるものではない。

③（国防軍）

第九条の二　我が国の平和と独立並びに国及び国民の安全を確保するため、内閣総理大臣を最高指揮官とする国防軍を保持する。

2　国防軍は、前項の規定による任務を遂行する際は、④法律の定めるところにより、国会の承認④その他の統制に服する。

3　国防軍は、第一項に規定する任務を遂行するための活動のほか、法律の定めるところにより、国際社会の平和と安全を確保するために国際的に協調して行われる活動及び③公の秩序を維持し、又は国民の生命若《も》しくは自由を守るための活動を行うことができる。

4　前二項に定めるもののほか、国防軍の組織、統制及び機密の保持に関する事項は、④法律で定める。

5　国防軍に属する軍人その他の公務員がその職務の実施に伴う罪又は国防軍の機密に関する罪を犯した場合の裁判を行うため、④法律の定めるところにより、国防軍に審判所を置く。この場合においては、被告人が裁判所へ上訴する権利は、保障されなければならない。

⑤（領土等の保全等）

第九条の三　国は、主権と独立を守るため、国民と協力して、領土、領海及び領空を保全し、その資源を確保しなければならない。

## 現行憲法

第二章　①戦争の放棄

第九条　日本国民は、正義と秩序を基調とする国際平和を誠実に希求し、国権の発動たる戦争と、武力による威《い》嚇《かく》又は武力の行使は、国際紛争を解決する手段としては、永久にこれを放棄する。

2　前項の目的を達するため、陸海空軍その他の戦力は、これを保持しない。国の交戦権は、これを認めない。

## チェック問題

問❶ 第二章のタイトルを「戦争の放棄」から「安全保障」に変えることには、どのような意図があるでしょうか。

問❷ 第九条の一、第2項に「自衛権の発動を妨げるものではない」と加えられたことで、どのような行動が可能になるでしょうか。

問❸ 自衛隊を国防軍とすることで、どんな変化があるでしょう。

問❹ 国防軍の統制について、草案で危惧《きぐ》される点を述べなさい。

問❺ 「領土等の保全」の条項が加わったことには、どのような意図があるでしょうか。

### 自民党の改正理由

現行憲法九条1項は、一九二九年に発効したパリ不戦条約一条を翻案して規定されたもので、党内では「もっとわかりやすい表現にすべきである」という意見もありましたが、日本国憲法の三大原則の一つである平和主義を定めた規定なので、基本的には変更しないこととしています。ただし、文章の整理として、「放棄する」は戦争のみに掛け、「国際紛争を解決する手段として」は、戦争にいたらない「武力による威嚇」及び「武力の行使」のみに掛ける形としました。一九世紀的な宣戦布告をして行われる「戦争」は、国際法上一般的に「違法」であることを踏まえた上で、法文の意味をより明確にするという趣旨から行った整理です。九条1項の基本的な意味は、従来と変わりません。

新たな九条1項で全面的に放棄する「戦争」は、国際法上一般的に「違法」とされています。また、「戦争」

以外の「武力の行使」や「武力による威嚇」が行われるのは、①侵略目的の場合、②自衛権の行使の場合、③制裁の場合の三つの場合に類型化できますが、九条1項で禁止されているのは、飽《あ》くまでも「国際紛争を解決する手段として」の武力行使等に限られます。この意味を①の「侵略目的の場合」に限定する解釈は、パリ不戦条約以来確立しているところです。したがって、九条1項で禁止されるのは、「戦争」及び侵略目的による武力行使のみであり、自衛権の行使や国際機関による制裁措置は、禁止されていないものと考えます。

九条2項として、「自衛権」の規定を追加しました。これは、従来の政府解釈によっても認められている、主権国家の自然権（当然持っている権利）としての「自衛権」を明示的に規定したものです。この「自衛権」には、国連憲章が認めている個別的自衛権や集団的自衛権が含まれていることは、言うまでもありません。

また、現在、政府は、集団的自衛権について「保持していても行使できない」という解釈をとっていますが（草案発表当時—引用者注）、「行使できない」とすることの根拠は「九条1項・2項の全体」の解釈によるものとされています。このため、その重要な一方の規定である現行2項（「戦力の不保持」等を定めた規定）を削除した上で、新2項で、自衛権の行使には、何らの制約もないように規定しました。もっとも草案では、自衛権の行使について憲法上の制約はなくなりますが、政府が何でもできるわけではなく、法律の根拠が必要です。国家安全保障基本法のような法律を制定して、いかなる場合にどのような要件を満たすときに自衛権が行使できるのか、明確に規定することが必要です。この憲法と法律の役割分担に基づいて、具体的な立法措置がなされていくことになります。

九条の二として、「国防軍」の規定を置きました。世界中を見ても、都市国家のようなものを除き、一定の規模以上の人口を有する国家で軍隊を保持していないのは日本だけであり、独立国家が、その独立と平和を保ち、国民の安全を確保するため軍隊を保有することは、現代の世界では常識です。

国防軍に対する「文民統制」の原則（文民が軍人に対して指揮統制権を持つという原則、シビリアン・コントロールの原則）に関しては、①内閣総理大臣を最高指揮官とすること、②その具体的な権限行使は、国会が定める法律の規定によるべきこと、などを条文に盛り込んでいるところです。

また、九条の二、第3項には、国防軍が行える活動として、次のとおり規定されています。

①我が国の平和と独立並びに国及び国民の安全を確保するための活動（1項に規定されている国防軍保持の本来目的に係る活動です。）

②国際社会の平和と安全を確保するために国際的に協調して行われる活動（国際平和活動に参加すること、その際、国防軍は、軍隊である以上、法律の規定に基づいて、武力を行使すること、及び集団安全保障における制裁行動は可能であると考えています。）

③公の秩序を維持し、又は国民の生命若しくは自由を守るための活動（治安維持や邦人救出、国民保護、災害派遣などの活動です。）

軍事上の行為に関する裁判は、軍事機密を保護する必要があり、また、迅速な実施が望まれることに鑑みて、九条の二、第5項に審判所の設置を規定しました。審判所とは、いわゆる軍法会議のことです。具体的なことは法律で定めることになりますが、裁判官や検察、弁護側も、主に軍人の中から選ばれることが想定されます。

領土は、主権国家の存立の基礎であり、それゆえ国家が領土を守るのは当然のことです。党内議論の中で、「国民の『国を守る義務』について規定すべきではないか」という意見が多く出されました。しかし、仮にそうした規定を置いたときに「国を守る義務」の具体的な内容として、徴兵制について問われることになるので、憲法上規定を置くことは困難であると考えました。

そこで、前文において「国を自ら守る」と抽象的に規定するとともに、九条の三として、国が「国民と協力して」領土等を守ることを規定したところです。領土等を守ることは、単に地理的な国土を保全することだけでなく、我が国の主権と独立を守ること、さらには国民一人一人の生命と財産を守ることにもつながるものです。もちろん、この規定は、軍事的な行動を規定しているのではありません。国が、国境離島において、避難港や灯台などの公共施設を整備することも領土・領海等の保全に関わるものですし、海上で資源探査を行うことも、考えられます。加えて、「国民との協力」に関連して言えば、国境離島において、生産活動を行う民間の行動も、我が国の安全保障に大きく寄与することになります。

赤ペンチェック

**問❶赤ペン**「戦争の放棄」から「安全保障」へタイトルを変える意味は、草案の内容から見ると明確です。個別的・集団的を問わず無限定の自衛権を認め（草案九条2項）、国防軍が明記され（草案九条の二、1項）、さらに交戦権を否認した条項（現行第2項）は削除されています。つまり、現行憲法が前文で規定し、国際社会の潮流でもある人間の安全保障（＊）を無視して、国家の安全保障を前面に打ちだしたということです。

＊人間の安全保障…安全保障という言葉は主に国家の防衛に関して使われるが、戦争で自国が勝ったとしても、個人のレベルで見れば、敵味方を問わず戦争中にさまざまな人権が抑制され、生命や財産を失うこともある。また最近では国内紛争や地域紛争も多発し、国家の安全保障を考えるだけでは、必ずしも国民の生命や財産を守ることができなくなってきている。このような観点から、個人の安全を基礎として平和を構想する考え方が「人間の安全保障」であり、日本国憲法前文の理念とも一致する。近年、国連などでも重視され各種の活動に採用されている。

現行憲法九条がかかげる平和主義の三要素は、「戦争の放棄」「戦力の不保持」「交戦権の否認」です。これらが草案では、すべて骨抜きにされています。戦力の不保持と交戦権の否認は完全に削除されました。草案九条1項は「戦争の放棄」に言及してはいますが、前文で平和的生存権が削除されていること、2項で自衛権発動を無制約に認めていることと相まって、戦争への歯止めはもちろん、国際社会で積極的に軍縮・軍備撤廃を推進するわが国の責務も放棄したに等しいと言えます。

**問❷赤ペン** 草案九条第2項に加わった「自衛権」ですが、一般に「自衛権」というとき、そこに個別的自衛権は含まれます。しかし、当然といえるのはそこまでです。国連憲章が認めているというだけで、戦力不保持をかかげた日本においては、他国に対する攻撃に反撃する集団的自衛権までもが自明のものとして含まれるとは言えません。

草案では何の制限もなしに自衛権の発動を明記していますが、集団的自衛権の行使をも無制約に容認することは、本当に国民の意思にかなうものでしょうか。新安保法制によって認められたのは「限定的な集団的自衛権」であるとされましたが、草案にはそうした限定もなく、無制限の集団的自衛権の行使を認めることになります。結局、第1項で戦争を放棄すると宣言しながら、2項の運用次第では、自衛権行使の名の下に日本が戦争をする国になることを認めているのです。

**問❸赤ペン** 自衛隊を「国防軍」とすることは、単なる名称変更では済みません。他国並みの交戦規定や軍事機密保護法のような軍事法規が定められ（草案九条の二、4項）、軍事法廷が用意される（草案九条の二、5項）など、軍隊としての力が強化される方向が示されています。

これに伴い、国民に課せられた愛国義務（草案前文三段）、領土保全義務（草案九条の三）と相まって、国民の生活も軍事優先の社会へと大きく変化することでしょう。もちろん、現行憲法の下では認められない徴兵制を視野に入れることも可能となってきます。

そして、草案では「交戦権（＊）の否認」（現行憲法九条2項）を削除しているので、敵戦力の破壊および殺害が原則許されることになります。現行憲法九条2項を削除すれば、たいへん大きな違いが生まれます。「自衛隊は実質上軍隊のようなものである」という言い方をする人がいますが、確かに装備や人員の点から戦力とは言えても、現行憲法九条2項の縛りがあるので交戦権はありません。ですから、敵国の兵士を殺害したり、敵国の基地を破壊したりはできないのです。けれども、2項を削除すれば交戦権を行使できますから、原則として人殺しをできる軍隊になります。そのような軍隊（国防軍）を持てば、私たちの社会は大きく変わることになるでしょう。

繰り返しますが、自衛隊の国防軍への変更は、けっして名称変更にとどまるものではありません。

＊交戦権…文字通り戦いを交える権利と広くとらえる解釈もあるが、政府解釈も含めて現在では、交戦国が国際法（戦時国際法）上有する種々の権利の総称であり、以下のような権利が含まれると解されている。

・敵国兵力の殺傷および破壊
・中立国の船舶に対しての国防上の要請から、もしくは戦時禁制品の取り締まり等のための海上封鎖、臨検《りんけん》や敵性船舶の拿捕《だほ》
・捕虜の抑留
・占領地で軍政を敷き、敵国民やその財産についての一定の強制措置をすること

さらに、国防軍の役割として、草案は「国及び国民の安全を確保するため」としていますが、国民よりも国を先に置くという表現から、国民よりも国そのものを守ることを重視する姿勢を垣間《かいま》見ることができます。改正理由に、「独立国家であれば軍隊を保有するのは世界の常識である」とされていますが、「軍隊は国家を守るものであり、国民を守るものではない」ことこそ、世界の常識であるといえます。

国防軍は、本来の役割に加えて「国際平和活動への参加を可能にし」、その際「法律の規定に基づいて、武力を行使することは可能」（自民党のQ＆Aより）であるとされています。しかし、その手続きが、単なる法律の改正、つまりその時々の多数決によって可能になる点で、憲法による歯止めをかけることが

できない内容になっています。現実には、国連決議などなくとも、多国籍軍として、国際協力の名の下に戦争に参加することが容易になっています。

また、「公の秩序を維持し、又は国民の生命若《も》しくは自由を守るための活動」とは、国内において暴動や内乱が起きたときに事態を収拾する任務、いわゆる治安出動を憲法が認めるということなのです。これはつまり、国策に合わない国民によるデモ行進や集会などに対し、国防軍が治安維持の名の下に軍事的制圧をすることが可能となるということなのです。このように、国民に危害を加えることができる内容を憲法が明記することは、立憲主義とは相容れません。

このように、国防軍という名称とはうらはらに、国防とは関係ない武力行使を可能にすること、つまり専守《せんしゅ》防衛というこれまでの日本の防衛政策を根本から変更することが、この国防軍創設の目的であることを知っておかなければなりません。

**問❹赤ペン** 草案九条の二、第2項で、国防軍の統制を「法律の定めるところにより」とすることは、多数派の政権与党の意向が大きく働く余地があることを意味し、憲法による統制になっていません。

また、「国会の承認」以外に「その他の統制」を認めている点は、文民統制（シビリアン・コントロール＝非軍人の政治家が軍隊を統制し、政治が軍事に優先する基本方針）が徹底されていません。たとえば、法律で定めさえすれば、内閣総理大臣が単独で判断し、国会の承認が事後でもよいことにもできてしまいます。文民統制といっても、民主的コントロールが希薄なものになるおそれがあります。

草案九条の二、4項で、国防軍の機密の保持などに関しては、法律で定めると規定しています。機密の対象や規制行為などの定め方によっては、国民の知る権利を空洞化しかねません。国民主権の国において、国家の重要な情報は主権者である国民のものです。本条項は、国家による情報統制を可能とし、国民主権を大きく後退させるおそれがあると言えます。

また、第5項において、軍人や公務員が職務を遂行《すいこう》するにあたって犯した罪や、軍事機密に関する罪を犯した場合には、国防軍に設置した特別の審判所で裁判を行うとしています。規定では軍人及び公務員だけが対象になっているようにもみえますが、軍事機密に関する事件に関与している一般人も、広く対象になり得ます。そして、軍事機密に関する裁判において、その機密を保持したままで審理が行われるならば、公開裁判の原則（現行憲法及び草案八十二条）や、裁判を受ける権利（同三十二条）に反するおそれがあり、人権保障を大きく脅かすことになります。

**問5赤ペン** 草案九条の三は、国民に領土・資源の確保義務を課するもので、立憲主義的憲法にはそぐわないものです。改正理由では、「国を守る義務を規定すると、具体的内容として徴兵制について問われるから避けた」としていますが、そうだとすれば本条は、国民に領土・資源確保義務を課することに加えて、前文第三段とともに国民に法的な国防義務を課すことに向けて足場を固める趣旨の規定であり、戦争をする国を目指すものと思われます。

また、「資源の確保」を明記したのは、中国など近隣諸国との覇権《はけん》争いを念頭に置いているのでしょう。この規定は、軍事的な行動を規定しているのではないと改正理由で説明していますが、領土や資源を守ることが軍事力行使のきっかけになった例は枚挙《まいきょ》にいとまがありません。

**まとめ** 以上に見るように、草案第二章によって、日本はアメリカとともに、普通に戦争ができる国になります。これは、日米同盟を強固なものにし、従来からのアメリカの要請に応えたいという、自民党の想いを憲法に結実させたものだと言えるでしょう。

## あなたの赤ペン

# 国民の権利及び義務

**自民党草案**

第三章　国民の権利及び義務

（国民の責務）

第十二条　この憲法が国民に保障する自由及び権利は、国民の不断の努力により、保持されなければならない。国民は、これを濫用《らんよう》してはならず、自由及び権利には責任及び義務が伴うことを自覚し、常に公益及び公の秩序に反してはならない。

（人としての尊重等）

第十三条　全て国民は、①人として尊重される。生命、自由及び幸福追求に対する国民の権利については、②公益及び公の秩序に反しない限り、立法その他の国政の上で、最大限に尊重されなければならない。

（法の下の平等）

第十四条（1～2　略）

3　栄誉、勲章その他の栄典の授与は、現にこれを有し、又は将来これを受ける者の一代に限り、その効力を有する。

## 現行憲法

第三章　国民の権利及び義務

第十二条　この憲法が国民に保障する自由及び権利は、国民の不断の努力によつて、これを保持しなければならない。又、国民は、これを濫用してはならないのであつて、常に公共の福祉のためにこれを利用する責任を負ふ。

第十三条　すべて国民は、①個人として尊重される。生命、自由及び幸福追求に対する国民の権利については、②公共の福祉に反しない限り、立法その他の国政の上で、最大の尊重を必要とする。

第十四条（1～2　略）

3　栄誉、勲章その他の栄典の授与は、③いかなる特権も伴はない。栄典の授与は、現にこれを有し、又は将来これを受ける者の一代に限り、その効力を有する。

## チェック問題

問❶　十三条で「個人として尊重される」が、「人として尊重される」に変わりましたが、「個人」と「人」とではどのような違いがありますか。

問❷　十三条で「公共の福祉に反しない限り」を「公益及び公の秩序に反しない限り」と変えた意図はなんでしょうか。

問❸　現行憲法十四条から「いかなる特権も伴はない」という文言を削除したのは、どうしてでしょうか。

## 自民党の改正理由

従来の「公共の福祉」という表現は、その意味が曖昧《あいまい》で、わかりにくいものです。そのため学説上は「公共の福祉は、人権相互の衝突の場合に限って、その権利行使を制約するものであって、個々の人権を超えた公益による直接的な権利制約を正当化するものではない」などという解釈が主張されています。

「公共の福祉」を「公益及び公の秩序」と改正することにより、憲法によって保障される基本的人権の制約は、人権相互の衝突の場合に限られるものではないことを明らかにしたものです。

なお、「公の秩序」と規定したのは、「反国家的な行動を取り締まる」ことを意図したものではありません。「公の秩序」とは「社会秩序」のことであり、平穏な社会生活のことを意味します。個人が人権を主張する場合に、他人に迷惑をかけてはいけないのは、当然のことです。そのことをより明示的に規定しただけであり、これにより人権が大きく制約されるものではありません。

赤ペンチェック

**問❶赤ペン** 「個人」を「人」に変えることは、たいへん重要な変更点です。個人の尊重とは、人種・宗教・性別などを超えて一人ひとりを大切にするということであり、個人のための国家であって国家のための個人ではない、つまり全体主義ではなく個人主義（利己主義とは異なり、個々人の主体性を重んじること）であるという、とても重要な考えだからです。

立憲主義は「個人の尊重」と結びついています。近代立憲主義は、中世までの身分制秩序から個人を解放し、自由な意思を有する自律的個人の人権保障を目的とする考えです。草案では、立憲主義の目的がすり替えられていると言えるでしょう。個人よりも「家族」（二十四条1項）、ひいては、日の丸・君が代に表象される「日本国」のような集団を、個人よりも重視する発想につながっているのが明らかです。

**問❷赤ペン** 「公共の福祉」とは、すべての国民に平等に保障される人権どうしの衝突を、それぞれの人権を尊重しながら具体的に調整する、という原理です。「改正理由」では、「公共の福祉」を「公益及び公の秩序」と変える理由は、憲法によって保障される基本的人権の制約が、人権相互の衝突の場合に限られるものではないことを明らかにしたのだと述べられています。しかし、本当に人権保障を重視するのであれば、人権を制約できるのは他の人権との衝突が起こったときに調整する場合だけである、とするほうが一貫するのです。

また、現行憲法の「公共の福祉」のままであっても、人権の制約は人権相互の衝突に限られないという解釈は可能であり、判例もこれに限っていません。にもかかわらず、この部分を変えようとするのには、別の意図が感じられます。その意図とは、国民一般に「公益及び公の秩序」に服従する義務を課し、人権はつねに公益・公序に反しない範囲でしか認めないということです。そうなると、法律による人権制限が容易に肯定されるおそれがあります。これは、明治憲法における法律の留保《りゅうほ》（「法律ノ範囲内ニ於《おい》テ」）のついた人権保障と同じであり、つねに人権の上位に公益・公序があることになってしまいます。

**問❸赤ペン** 「いかなる特権も伴はない」という部分を削除したことは、一代限りであっても特権を認めることであり、天皇の元首化（草案一条）とともに、天皇の権能を強化し、国民主権が後退していることの表れといえます。

あなたの赤ペン

# 公務員の選定

## 自民党草案

（公務員の選定及び罷免《ひめん》に関する権利等）

第十五条（1、2、4　略）

3　公務員の選定を選挙により行う場合は、①日本国籍を有する成年者による普通選挙の方法による。

## 現行憲法

第十五条（1、2、4　略）

3　公務員の選挙については、成年者による普通選挙を保障する。

### チェック問題

問❶　草案十五条が「日本国籍を有する」と加えたのには、どのような意図があるでしょうか。

## 自民党の改正理由

特に記述なし。

## 赤ペンチェック

**問❶赤ペン** 地方参政権の国籍の条件は、立法政策の問題（法律をつくることで対応する）であるとするのが憲法学説の多数であり、また最高裁判所の立場と解されています。国政選挙に関してもさまざまな議論があります。それなのに、外国籍の人の参政権を制限する規定をあえて加えるのは、このような従来までの学説や判例の理解を、憲法改正によって一蹴《いっしゅう》しようとするものです。なお、このような外国人地方参政権に対する消極的態度は、草案九十四条2項（89ページ）にも示されています。

## あなたの赤ペン

# 自由と責務

## 自民党草案

（身体の拘束及び苦役《くえき》からの自由）
第十八条　何人も、①その意に反すると否とにかかわらず、社会的又は経済的関係において身体を拘束されない。
2　何人も、犯罪による処罰の場合を除いては、その意に反する苦役に服させられない。
（思想及び良心の自由）
第十九条　思想及び良心の自由は、保障する。
②（個人情報の不当取得の禁止等）
第十九条の二　何人も、個人に関する情報を不当に取得し、保有し、又は利用してはならない。
③（信教の自由）
第二十条　信教の自由は、保障する。国は、いかなる宗教団体に対しても、特権を与えてはならない。
2　何人も、宗教上の行為、祝典、儀式又は行事に参加することを強制されない。

3　国及び地方自治体その他の公共団体は、特定の宗教のための教育その他の宗教的活動をしてはならない。ただし、社会的儀礼又は習俗《しゅうぞく》的行為の範囲を超えないものについては、この限りでない。

④（表現の自由）

第二十一条　集会、結社及び言論、出版その他一切の表現の自由は、保障する。

2　前項の規定にかかわらず、公益及び公の秩序を害することを目的とした活動を行い、並びにそれを目的として結社をすることは、認められない。

3　検閲は、してはならない。通信の秘密は、侵してはならない。

⑤（国政上の行為に関する説明の責務）

第二十一条の二　国は、国政上の行為につき国民に説明する責務を負う。

（居住、移転及び職業選択等の自由等）

第二十二条　何人も、居住、移転及び職業選択の自由を有する。

2　全て国民は、外国に移住し、又は国籍を離脱する自由を有する。

## 現行憲法

第十八条　何人も、①いかなる奴隷的拘束《どれいてき》も受けない。又、犯罪に因《よ》る処罰の場合を除いては、その意に反する苦役に服させられない。

第十九条　思想及び良心の自由は、これを侵してはならない。

第二十条　信教の自由は、何人に対してもこれを保障する。いかなる宗教団体も、国から特権を受け、又は政治上の権力を行使してはならない。

2　何人も、宗教上の行為、祝典、儀式又は行事に参加することを強制されない。

3　国及びその機関は、宗教教育その他いかなる宗教的活動もしてはならない。

第二十一条　集会、結社及び言論、出版その他一切の表現の自由は、これを保障する。

2　検閲は、これをしてはならない。通信の秘密は、これを侵してはならない。

第二十二条　何人も、⑥公共の福祉に反しない限り、居住、移転及び職業選択の自由を有する。

2　何人も、外国に移住し、又は国籍を離脱する自由を侵されない。

### チェック問題

問❶　草案十八条の変更による問題点をあげましょう。

問❷　十九条の二「個人情報の不当取得の禁止」で、どのような問題が生じるおそれがあるでしょうか。

問❸　二十条により、宗教と国政との関係はどう変わるでしょうか。

問❹　二十一条により、表現の自由はどのような危険にさらされると言えるでしょうか。

**問5** 二十一条の二で「国政上の行為に関する説明の責務」を新設した意義はどこにあるのでしょうか。

**問6** 二十二条で「公共の福祉に反しない限り」という言葉を除外した意図はどのようなものでしょうか。

## 自民党の改正理由

二十条3項で、国等による宗教的活動の禁止規定を明確化しました。国や地方自治体等による特定の宗教の教育は禁止されるものであり、一般教養としての宗教教育を含むものではないという解釈が通説です。そのことを明確にするため、「特定の宗教のための教育」という文言《もんごん》に改めました。

さらに、最高裁判例を参考にして後段を加え、「社会的儀礼又は習俗的行為の範囲を超えないもの」については、国や地方自治体による宗教的活動の禁止の対象から外しました。これにより、地鎮祭《じちんさい》に当たって公費から玉《たま》串料《ぐしりょう》を支出するなどの問題が現実に解決されます。

二十一条2項では、公益及び公の秩序を害することを目的とした活動等の規制を規定しました。これは、オウム真理教に対して、「破壊活動防止法」が適用できなかったことの反省などを踏まえ、公益や公の秩序を害する活動に対しては、表現の自由や結社の自由を認めないこととしました。内心の自由はどこまでも自由ですが、それを社会的に表現する段階になれば、一定の制限を受けるのは当然です。

なお、「公益や公の秩序を害することを目的とした」活動と規定しており、単に「公益や公の秩序に反する」活動を規制したものではありません。

二十一条の二では、国の情報を、適切に、わかりやすく国民に説明しなければならないという責務を国に負わせ、国民の「知る権利」の保障に資することとしました。

赤ペンチェック

**問❶赤ペン** 草案十八条では、現行憲法十八条が定める「奴隷的拘束」を外しています。また、草案では「社会的又は経済的関係」と限定していて、「政治的関係」を定めていません。うがった見方をするなら、政治的関係における拘束の余地を残したとも考えられます。

ちなみに徴兵制については、現行憲法下では認められません。十八条後段が「その意に反する苦役に服させられない」と定めているからです。草案十八条もこの点には手をつけていませんが、安心はできません。解釈で徴兵制を認める余地は残っているからです。すなわち、草案では国防軍を設け、国民の国防義務を定め（前文第三段）、人権の公益適合性を求めています（十三条）。そこから、「憲法が認めた国防軍を維持する必要があり、国民にも国を守る義務がある。国防は最大の公益なのだから、徴兵制は許される」というように解釈が可能です。

**問❷赤ペン** 草案十九条の二は、「何人も」と始まっています。つまりこれは、私人に対して個人情報の不当取得禁止義務を課する規定であり、立憲主義から見ても問題です。さらに、情報の自由な流通は表現の自由の本質部分ですから、情報取得が制約されると、表現の自由を侵害するのみならず、それによって支えられている民主主義そのものに重大な障害をもたらすおそれがあります（＊）。この規定によって国民が、政治家や公務員の適格性を正確に判断できなくなる危険も生まれるでしょう。

＊表現の自由と民主主義…表現の自由には、①「個人が表現活動を通じて、自己の人格を発展させることにつなが

る」という個人的な価値とともに、②「表現活動を通じて、国民が政治的意志決定をなす際の判断資料を提供する」意味で、民主政における社会的価値がある。民主主義を機能させるためには、国民各人が自由に意見を表明し、自由に討論することを保障することが何よりも重要であるため、表現の自由は民主主義にとって不可欠の要素として人権の中でも優先的地位があり、大切にあつかわれるべきものであるとされる。

**問❸赤ペン** 現行憲法二十条1項の後段で明示している、宗教団体が「政治上の権力を行使してはならない」という規定を、草案では除外しました。その結果、「国が宗教団体に特権を与えてはならない」とするにとどまり、宗教団体による政治上の権力行使に対する制限が弱まっています。つまり、宗教団体が選挙を通じて政権与党を構成し、これにより政治権力を行使することを認めたことになります。

また、現行憲法二十条3項は、国の宗教活動の禁止を定めていますが、草案二十条3項は、それに但《ただ》し書きを付し、「社会的儀礼又は習俗的行為の範囲を超えないものについては、この限りでない」としています。草案3項は、政教分離原則（＊）の解釈である目的・効果基準を明文化するものですが、この基準は、国家と宗教との「完全な分離」を求めず、「ゆるやかな分離」を容認する可能性があります。行為者の宗教的意識までを考慮《こうりょ》要素とすれば、その可能性は大きく、社会的儀礼、習俗的行為の名の下に、公人がさまざまな宗教行事に参加すること（政治家の靖国参拝など）が可能になるでしょう。こうした「ゆるやかな分離」は、宗教的少数派への弾圧につながり、少数派の人権保障という立憲主義の価値を骨抜きにするおそれがあります。

＊政教分離の原則…宗教の国教化を防ぎ、国民に対する特定宗教の強制という事態が起こらないように、国家と宗教の

関係を断ち切ろうとする考え方。戦前の神社神道《しんとう》の国教化と、その弊害《へいがい》に対する反省から、現憲法に取り入れられた。

**問❹赤ペン** 草案二十一条2項では、表現活動や結社への制限を設けています。この規定も、国民に特定の表現活動および結社の禁止義務を課する趣旨です。「公益及び公の秩序を害することを目的とした」とつけたことによって、政府の方針とは違う表現活動や集会・デモなどにも規制がかかる可能性があります。たとえば政府が原発推進を決めた場合に、脱原発集会やデモは許されない、ということにもなりかねないでしょう。「目的」を基準にした歯止めは曖昧《あいまい》で、歯止めとして機能しないのみならず、表現する側が制限される可能性をおそれるため、表現行為を大きく萎縮《いしゅく》させ、文化・芸術の発展にも影響を与えるおそれがあります。

しかも、何らかの活動を事後的に規制するのではなく、活動そのもの、さらには結社そのものを禁止している点で、表現の自由に対する重大な制約として、人権保障に後ろ向きな態度が見てとれます。

**問❺赤ペン** 草案二十一条の二は、国が国政上の行為につき国民に説明する責務を負うとしていますが、国が保有する情報を国民に開示することは、現行憲法の下ですでに「知る権利」という人権の一部として保障されています。しかし草案では、権利としてでなく国の責務とされるにとどまっていて、「権利の保障に資する」という改正理由とは反対に、人権保障に消極的な態度が表れています。

**問❻赤ペン** 現行憲法二十二条1項から「公共の福祉に反しない限り」を除外することは、社会国家的（＊）公共の福祉の観点をぼかすものです。これは、自由競争から生じる格差を是正《ぜせい》し、社会的・経済的弱者を救済するために、社会的・経済的強者側の人権を制限する根拠とされていた文言《もんごん》です。これを削除するということは、弱者を切り捨て、新自由主義的な格差を肯定するねらいがあるように思います。

＊社会国家…または福祉国家。国家は一定の社会的弱者を救済するために積極的に介入すべき場合があるという考え。この考えに基づき、国家の介入によって実現される人権を「社会権」と呼ぶ。現行憲法では、生存権（↓64ページ）を中心として社会権の保障を定めている。

## あなたの赤ペン

# 家族・新しい権利など

## 自民党草案

（家族、婚姻《こんいん》等に関する基本原則）
第二十四条　家族は、社会の自然かつ基礎的な単位として、尊重される。①家族は、互いに助け合わなければならない。
2　婚姻は、両性の合意に基づいて成立し、夫婦が同等の権利を有することを基本として、相互の協力により、維持されなければならない。
3　家族、扶養、後見《こうけん》、婚姻及び離婚、財産権、相続並びに親族に関するその他の事項に関しては、法律は、個人の尊厳と両性の本質的平等に立脚して、制定されなければならない。
第二十五条（略）
②（環境保全の責務）
第二十五条の二　国は、国民と協力して、国民が良好な環境を享受《きょうじゅ》することができるようにその保全に努めなければならない。
③（在外国民の保護）
第二十五条の三　国は、国外において緊急事態が生じたときは、在外国民の保護に努めなけれ

ばならない。

④（犯罪被害者等への配慮）

第二十五条の四　国は、犯罪被害者及びその家族の人権及び処遇に配慮しなければならない。

④（教育に関する権利及び義務等）

第二十六条（1、2　略）

3　国は、教育が国の未来を切り拓《ひら》く上で欠くことのできないものであることに鑑《かんが》み、教育環境の整備に努めなければならない。

第二十七条（略）

④（勤労者の団結権等）

第二十八条　勤労者の団結する権利及び団体交渉その他の団体行動をする権利は、保障する。

2　公務員については、全体の奉仕者であることに鑑み、法律の定めるところにより、前項に規定する権利の全部又は一部を制限することができる。この場合においては、公務員の勤労条件を改善するため、必要な措置《そち》が講じられなければならない。

**現行憲法**

第二十四条　婚姻は、両性の合意のみに基いて成立し、夫婦が同等の権利を有することを基本として、相互の協力により、維持されなければならない。

2　配偶者の選択、財産権、相続、住居の選定、離婚並びに婚姻及び家族に関するその他の事項に関しては、法律は、個人の尊厳と両性の本質的平等に立脚して、制定されなければならない。

第二十五条　全て国民は、健康で文化的な最低限度の生活を営む権利を有する。

2　国は、国民生活のあらゆる側面において、社会福祉、社会保障及び公衆衛生の向上及び増進に努めなければならない。

第二十八条　勤労者の団結する権利及び団体交渉その他の団体行動をする権利は、これを保障する。

## チェック問題

問❶　二十四条に「家族の助け合い」が義務として加えられたことには、どのような意図と問題があるでしょうか。

問❷　二十五条の二で「環境保全の責務」を新しく加えることは、いいことでしょうか。

問❸　なぜ、二十五条の三で「在外国民の保護」を新たに加えたのでしょうか。

問❹　新たに加えられた「犯罪被害者等への配慮」「教育に関する権利及び義務等」「勤労者の団結権等」について考察しましょう。

### 自民党の改正理由

家族は、社会の極めて重要な存在ですが、昨今、家族の絆《きずな》が薄くなってきていると言われています。こうしたことに鑑みて、二十四条1項に、家族の規定を新設しました。なお、前段については、世界人権宣言十六条3項（家族は、社会の自然かつ基礎的な単位であり、社会及び国による保護を受ける権利を有する。）も参考にしました。

党内議論では、「親子の扶養義務についても明文の規定を置くべきである」との意見もありましたが、それは基本的に法律事項であることや、「家族は、互いに助け合わなければならない」という規定を置いたことから、採用しませんでした。

草案では、「新しい人権」（国家の保障責務の形で規定されているものを含む）について、次のようなものを規定しました。

環境保全の責務（二十五条の二）は、国は国民と協力して、環境の保全に努めなければならないこととしました。

二十五条の三では、在外国民の保護を規定しました。グローバル化が進んだ現在、海外にいる日本人の安全を、国が担保する責務を憲法に書きこむべきであるとの観点です。

犯罪被害者等への配慮（二十五条の四）は、国は犯罪被害者及びその家族の人権及び処遇に配慮しなければならないこととしました。

なお、二から四までは、国を主語とした人権規定としています。これらの人権は、まだ個人の法律上の権利として主張するには熟していないことから、まず国の側の責務として規定することとしました。

二十六条3項に、国の教育環境の整備義務に関する規定を新設しました。この規定は、国民が充実した教育を受けられることを権利と考え、そのことを国の義務として規定したものです。具体的には、教育関係の施設整備や私学助成などについて、国が積極的な施策を講ずることを考えています。

二十八条2項に、公務員に関する労働基本権の制限の規定を新設しました。現行憲法下でも、人事院勧告などの代償措置を条件に、公務員の労働基本権は制限されていることから、そのことについて明文の規定を置いたものです。

赤ペンチェック

**問❶赤ペン**▶草案二十四条で家族の助け合いを義務づけることは、立憲主義の面から問題であることはもちろん、現行憲法が個人の尊重を究極の価値としているのに対して、草案では「個人」よりも「人」や

「家族」に価値を求めている点も大いに問題だと言えます。

「人」や「家族」を、「個人」の上位にあるものとして明記することは、個人の尊重を本質とする立憲主義に照らして許されないことです。立憲主義の究極の価値は個人（の尊重）にあるのであり、団体、集団、社会、ひいては国家が個人よりも優位に立つかのような表現は、立憲主義に逆行します。

また、家族の絆が大切であるとしても、ライフスタイルや生き方は多様であって、「あるべき家族の姿」は、自由主義社会では自由な討論によって検討され、最終的には個人の内心にゆだねられるべき問題です。言い換えれば、国家が介入する問題ではなく、ましてや、国家権力を縛って国民の自由を確保するための立憲主義憲法に定めるべき内容ではありません。

憲法で家族自体を規定することは、現代における家族の多様性を否定することにつながる懸念も生まれます。また、この規定を生存権（＊）規定（二十五条）の前に置くことによって、国家による社会福祉、社会保障の充実よりも、家族による扶助義務を優先させる考えを示していると言えます。これによって、例えば、家族の存在が生活保護の申請を制限する根拠に使われるおそれが出てきます。

＊生存権…人間らしく生きるために必要な条件を国に要求できる権利。現行憲法二十五条は国民が「健康で文化的な最低限度の生活を営む権利」を有すると定め、国が福祉や社会保障を向上する義務を定めている。貧困におちいった場合に生活保護を受給する権利もこの規定に基いている。

**問❷赤ペン** 改憲のプラスイメージを強調する趣旨で、改憲には環境権など「新しい権利」を盛りこむ側面もある、と言われることがあります。しかし、草案二十五条の二は、環境権を基本的人権ではなく、国の努力義務として定めているにすぎません。

それどころか、「国民と協力して」とあることからわかるように、国民にも環境保全義務を課する内容になっているのです。人権保障に消極的、義務拡大に前のめりの態度がここにも表れていると言えるでしょう。

のみならず、この規定によって、現在、憲法解釈として裁判実務で認められている環境権（良好な環境の中で生活を営む権利。現行憲法十三条の「幸福追求権」を根拠に主張される）が否定されるおそれすらあるのです。

**問③赤ペン**「在外国民の保護」の規定は一見もっとものようですが、国防軍（草案九条）を持つ体制の下では、国防軍の海外派兵の根拠規定となる点を見逃してはなりません。かつて日本が行った台湾出兵、朝鮮出兵、中国の内政に干渉した義和団《ぎわだん》事件、シベリア出兵、山東《さんとう》出兵などはすべて、在外国民保護を目的にかかげたものであったことを忘れないでください。

**問④赤ペン** 草案二十五条の四は、被告人・被疑者の人権規定と矛盾し、それらの人権を実現する妨げになるおそれがあります。そもそも、憲法が刑事手続上の人権を定めたのは、被疑者・被告人が国家（警察や検察）と対立する構造があるからです。

ところが、このような規定を憲法上に置くことで、被疑者・被告人と対立するのが国家ではなく被害者やその家族であるかのような誤解を生むおそれが生じます。たしかに、被害者の保護は刑事手続における重要なテーマですが、それは現行憲法下でも十分考慮することができます。現時点で法律上の配慮が足りないと指摘されているのは、国会や政府の怠慢《たいまん》が原因なのであって、憲法規定が存在しないことに原因があるのではないのです。

また、草案二十六条に新設された3項の危険性は、教育環境整備の名の下に、教育への介入の手がかりに使われることです。学習権は子どもの持つ権利であって、教育の場を一定の思想を押しつける場にしてはなりません。

草案二十八条2項にあるように、公務員の人権制限の根拠を「全体の奉仕者」に求めることには、現行憲法の解釈上も学説からの異論が強いものです。近年は、公務員制度改革の一環として労働協約締結権（給与や勤務条件などを労使交渉で決めることができる権利）が認められるなど、公務員の労働基本権の保障は拡大しつつありますが、この規定はその障害となり、人権保障に後ろ向きな態度が表れています。

## あなたの赤ペン

# 財産権

## 自民党草案

（財産権）

第二十九条　財産権は、保障する。

2　財産権の内容は、公益及び公の秩序に適合するように、法律で定める。この場合において、①知的財産権については、国民の知的創造力の向上に資《し》するように配慮しなければならない。

3　（略）

## 現行憲法

第二十九条　財産権は、これを侵してはならない。

2　財産権の内容は、公共の福祉に適合するやうに、法律でこれを定める。

3　私有財産は、正当な補償の下に、これを公共のために用ひることができる。

チェック問題

問❶ 新たに知的財産権についての規定を加えた意図はなんでしょうか。

自民党の改正理由

特許権等の保護が過剰になり、かえって経済活動の過度の妨げにならないよう配慮することとしたものです。

赤ペンチェック

問❶赤ペン 改正理由にあるように、クリエイティブな活動よりも経済活動を優先させる意図があります。ここにも個人より全体を優先させ、人権保障に後ろ向きの姿勢が垣間《かいま》見えます。

あなたの赤ペン

# 拷問《ごうもん》・残虐《ざんぎゃく》な刑

**自民党草案**

（拷問及び残虐な刑の禁止）
第三十六条　公務員による拷問及び残虐な刑罰は、禁止する。

現行憲法

第三十六条　公務員による拷問及び残虐な刑罰は、①絶対にこれを禁ずる。

**チェック問題**

問❶　三十六条から「絶対に」をとった理由はなんでしょうか。

## 自民党の改正理由

特に記述なし。

### 赤ペンチェック

**問❶赤ペン**

「絶対に」を外せば、当然のことながら規範力は低下します。一定の条件があれば例外が認められるとの解釈につながる可能性があります。

### あなたの赤ペン

# 国会

**自民党草案**

第四章　国会

（選挙に関する事項）

第四十七条　選挙区、投票の方法その他両議院の議員の選挙に関する事項は、法律で定める。この場合においては、各選挙区は、人口を基本とし、行政区画、地勢等を総合的に勘案《かんあん》して定めなければならない。

（衆議院の解散と衆議院議員の総選挙、特別国会及び参議院の緊急集会）

第五十四条　衆議院の解散は、内閣総理大臣が決定する。

2〜4　（略）

## 現行憲法

第四章　国会

第四十七条　選挙区、投票の方法その他両議院の議員の選挙に関する事項は、法律でこれを定める。

チェック問題

**問1** 新たに選挙区の規定を入れたことの利点はあるでしょうか。

### 自民党の改正理由

選挙に関する事項に後段を設けました。これは最近、一票の格差について違憲状態にあるとの最高裁判所の判決が続いていることに鑑《かんが》み、選挙区は、単に人口のみによって決められるものではないことを、明示したものです。ただし、この規定も飽《あ》くまで「人口を基本と」することとし、一票の格差の是正をする必要がないとしたものではありません。選挙区を置けば必ず格差は生ずるので、それには一定の許容範囲があることを念のため規定したにすぎません。なお、この規定は、衆議院議員選挙区画定審議会設置法三条1項（＊）の規定を参考にして加えたものであり、現行法制を踏まえたものです。

＊衆議院議員選挙区画定審議会設置法／第三条1項　前条の規定による改定案の作成は、各選挙区の人口の均衡を図り、各選挙区の人口（官報で公示された最近の国勢調査又はこれに準ずる全国的な人口調査の結果による人口をいう。以下同じ。）のうち、その最も多いものを最も少ないもので除して得た数が2以上とならないようにすることを基本とし、行政区画、地勢、交通等の事情を総合的に考慮して合理的に行わなければならない。

赤ペンチェック

**問❶赤ペン** 現行憲法では選挙に関する事項を法律事項（「法律でこれを定める」）としていますが、草案四十七条はそれに補足し、選挙区割りを法律で定める際に、「人口を基本とし、行政区画、地勢等を総合的に勘案《かんあん》」することとしました。一人一票の原則は、主権者である国民一人ひとりの人格価値が平等に選挙権に投影されるべきだという考え方ですから、そこでは人口比例原則が厳格に貫かれなければなりません。憲法上の表現自体が、一人一票原則を緩和《かんわ》できるかに読めるようでは、人権保障はおろか、国民主権にすら後ろ向きと言わざるを得ないでしょう。

## あなたの赤ペン

# 議決・議員・政党

自民党草案

（表決及び定足数）
第五十六条　両議院の議事は、この憲法に特別の定めのある場合を除いては、出席議員の過半数で決し、可否同数のときは、議長の決するところによる。
2　①両議院の議決は、各々その総議員の三分の一以上の出席がなければすることができない。

（内閣総理大臣等の議院出席の権利及び義務）
第六十三条　内閣総理大臣及びその他の国務大臣は、議案について発言するため両議院に出席することができる。
2　内閣総理大臣及びその他の国務大臣は、答弁又は説明のため議院から出席を求められたときは、出席しなければならない。②ただし、職務の遂行《すいこう》上特に必要がある場合は、この限りでない。

第六十四条（略）

③（政党）
第六十四条の二　国は、政党が議会制民主主義に不可欠の存在であることに鑑《かんが》み、その活動の公正の確保及びその健全な発展に努めなければならない。

2　政党の政治活動の自由は、保障する。
3　前二項に定めるもののほか、政党に関する事項は、法律で定める。

## 現行憲法

第五十六条　両議院は、各々その総議員の三分の一以上の出席がなければ、議事を開き議決することができない。
2　①両議院の議事は、この憲法に特別の定のある場合を除いては、出席議員の過半数でこれを決し、可否同数のときは、議長の決するところによる。

第六十三条　内閣総理大臣その他の国務大臣は、両議院の一に議席を有すると有しないとにかかはらず、何時でも議案について発言するため議院に出席することができる。又、答弁又は説明のため出席を求められたときは、出席しなければならない。

## チェック問題

問❶　五十六条2項を「両議院の議事」から「両議院の議決」に変えたことで、どのような変化が生じるでしょうか。

問❷　六十三条2項の総理大臣、国務大臣の議院への出席の義務を緩和《かんわ》することはよいことでしょうか。

問❸　六十四条の二で政党事項を新設した意図について考察しましょう。

## 自民党の改正理由

現行憲法五十六条1項は、「両議院は、各々その総議員の三分の一以上の出席がなければ、議事を開き議決することができない」とされています。草案では、この定足数を議決だけの要件とするため、五十六条2項を設けました。

現行憲法六十三条の後段で定められている、内閣総理大臣等の議院出席の義務を、同条2項として規定し、「内閣総理大臣及びその他の国務大臣は、答弁又は説明のため議院から出席を求められたときは、出席しなければならない。ただし、職務の遂行上特に必要がある場合は、この限りでない。」としました。

出席義務の例外を定めたもので、特に外務大臣などは重要な外交日程があることが多く、国会に拘束されることで国益が損なわれないようにするという配慮から置いたものです。

政党については、現行憲法に規定がなく、政党法も存在せず、法的根拠がないので、政治団体の一つとして整理されてきましたが、政党は現代の議会制民主主義にとって不可欠な要素となっていることから、憲法上位置付けたものです。憲法にこうした規定を置くことにより、政党助成や政党法制定の根拠になると考えます。政党法の制定に当たっては、党内民主主義の確立、収支の公開などが焦点になるものと考えられます。

赤ペンチェック

**問❶赤ペン▶** 現行憲法では、「議事を開き議決する」際に総議員の三分の一を定足数としますが、草案では「議決」だけに三分の一の定足数を求めています。これでは法案などの審議を、総議員の三分の一に満たないひと握りの議員だけで行うことができるようになります。そもそも代議制を定めたのは、国会において国民の代わりに慎重に審議することを期待したからです。審議の軽視はそうした期待を裏切り、国民主権の後退につながるものといえます。

**問❷赤ペン** 改正理由によれば、「外務大臣などは重要な外交日程があることが多く、国会に拘束されることで国益が損なわれないようにするという配慮から置いた」と言いますが、国務大臣の議院出席義務は議院内閣制（＊）の根幹のひとつであり、例外を明文化することは、議会主義、国民主権を後退させるおそれがあります。

＊**議院内閣制**…内閣が議会の信任を得て存立する制度。権力分立の観点からみると、議会と政府は分立しているが、アメリカ型大統領制のような厳格な分離はとられず、政府（内閣）は議会の信任によって存立する。また、民主主義の観点からみると、首相は議会から選出されること、内閣は議会の信任を基礎として存立し、議会は内閣不信任を決議できること、内閣には議会解散権が認められていること、内閣には法案提出権が認められること、内閣の構成員たる大臣はその多くが議員であること、そして「大臣には議会出席について権利義務を有すること」などが特徴である。

**問❸赤ペン** 政党条項にある「公正」さや「健全」さはあいまいな言葉であり、具体的にはさまざまな条件や制約を含み得ます。

また、3項において、政党に関する事項を法律で定めることができるとすると、多数派政党が少数派政党を意図的に規制・弱体化することが可能となり、多様な政党を結成する自由を阻害《そがい》しかねません。

あなたの赤ペン

# 内閣

## 自民党草案

第五章　内閣

（内閣の構成及び国会に対する責任）

第六十六条（1、3　略）

2　内閣総理大臣及び全ての国務大臣は、①現役の軍人であってはならない。

（内閣総理大臣が欠けたとき等の内閣の総辞職等）

第七十条（1　略）

2　内閣総理大臣が欠けたとき、その他これに準ずる場合として法律で定めるときは、内閣総理大臣があらかじめ指定した国務大臣が、臨時に、その職務を行う。

②（内閣総理大臣の職務）

第七十二条　内閣総理大臣は、行政各部を指揮監督し、その総合調整を行う。

2　内閣総理大臣は、内閣を代表して、議案を国会に提出し、並びに一般国務及び外交関係について国会に報告する。

3　内閣総理大臣は、最高指揮官として、国防軍を統括する。

（内閣の職務）

第七十三条　内閣は、他の一般行政事務のほか、次に掲げる事務を行う。

（一～四、七　略）

五　予算案及び法律案を作成して国会に提出すること。

六　法律の規定に基づき、政令を制定すること。ただし、政令には、特にその法律の委任がある場合を除いては、③義務を課し、又は権利を制限する規定を設けることができない。

現行憲法

第五章　内閣

第六十六条（1、3　略）

2　内閣総理大臣その他の国務大臣は、①文民でなければならない。

第七十二条　内閣総理大臣は、内閣を代表して議案を国会に提出し、一般国務及び外交関係について国会に報告し、並びに行政各部を指揮監督する。

第七十三条　内閣は、他の一般行政事務の外、左の事務を行ふ。

（一～四、七　略）

五　予算を作成して国会に提出すること。

六　この憲法及び法律の規定を実施するために、政令を制定すること。但し、政令には、特にその法律の委任がある場合を除いては、③罰則を設けることができない。

チェック問題

問❶ 六十六条2項の「文民でなければならない」が「現役の軍人であってはならない」に変わったことは、どのような意味があるでしょう。

問❷ 内閣総理大臣の権限を強化することについてどう思いますか。

問❸ 七十三条六号の法律留保《りゅうほ》事項を「罰則」だけから、「義務を課し、又は権利を制限する規定」と広げたことへの評価を述べなさい。

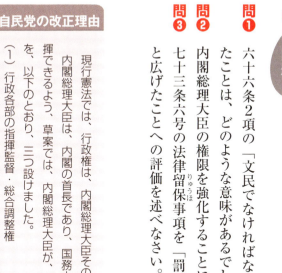

## 自民党の改正理由

現行憲法では、行政権は、内閣総理大臣その他の国務大臣で組織する「内閣」に属するとされています。内閣総理大臣は、内閣の首長であり、国務大臣の任免権などを持っていますが、そのリーダーシップをより発揮できるよう、草案では、内閣総理大臣が、内閣（閣議）に諮《はか》らないでも、自分一人で決定できる「専権事項」を、以下のとおり、三つ設けました。

（1）行政各部の指揮監督・総合調整権

現行憲法及び内閣法では、内閣総理大臣は、全て閣議にかけた方針に基づかなければ行政各部を指揮監督できないことになっていますが、草案では、内閣総理大臣が単独で（閣議にかけなくても）、行政各部の指揮監督、総合調整ができると規定しました。

（2）国防軍の最高指揮権

七十二条3項で、「内閣総理大臣は、最高指揮官として、国防軍を統括する」と規定しました。内閣総理大臣が国防軍の最高指揮官であることは、九条の二、1項にも規定しましたが、この条でも再整理したものです。国防軍を動かす最終的な決定権は、防衛大臣ではなく、最高指揮官の内閣総理大臣にあります。また、法律に特別の規定がない場合には、閣議にかけないで国防軍を指揮することができます。

（3）衆議院の解散の決定権

五十四条1項〔→本書71ページ〕で、「衆議院の解散は、内閣総理大臣が決定する」と規定しました。かつて、解散を決定する閣議において閣僚が反対する場合に、その閣僚を罷免《ひめん》するという事例があったので、解散の決定は、閣議にかけず、内閣総理大臣が単独で決定できるようにしたものです。

内閣総理大臣に不慮の事態が生じた場合に、「内閣総理大臣が欠けたとき」に該当するか否かを誰が判断して、内閣総辞職を決定するための閣議を誰が主宰するのか、ということが、現行憲法では規定が整備されていません。それでは危機管理上も問題があるのではないか、指定を受けた国務大臣が内閣総理大臣の職務を臨時代行する根拠は、やはり憲法上規定すべきではないか、との観点から、草案の七十条2項で規定しました。「内閣総理大臣が欠けたとき」とは、典型的には内閣総理大臣が死亡した場合、あるいは国会議員の資格を失ったときなどをいいます。「その他これに準ずる場合として法律で定めるとき」とは、具体的には、意識不明になったときや、事故などに遭遇し生存が不明になったときなど、現職に復帰することがあり得るが、総理としての職務を一時的に全うできないような場合を想定しています。

**赤ペンチェック**

**問❶赤ペン** 現行憲法六十六条2項が「文民でなければならない」と定めるのに対して、草案では「現役の軍人であってはならない」としています。従来の政府解釈では、退役軍人も含めて、強い軍国主義的思想をもつ者も統制対象としてきましたが、この統制を緩めることで、たとえば直前まで軍人であった人でも、退役すれば大臣になりうる可能性が生まれます。軍部が国政に介入して戦争につき進んだ過去の教訓から生まれた、シビリアン・コントロールの原則を骨抜きにするものです。

**問❷赤ペン** 草案は、内閣総理大臣の権限を強化しています。改正理由によれば、五十四条1項（解散権）、七十二条1項（指揮監督・総合調整権）、同条3項（国防軍最高指揮権）で、いずれも閣議という合議を必要としないものとされています。合議による慎重な検討を経ずに、総理大臣が重要な決定をできることになり、立憲主義的な制約が弱まっています。

しかし、こうして権限を強化するのであれば、同時に内閣総理大臣の選任手続きにおける国民の関与を強める仕組みを導入し、現行憲法以上に民主的正統性を強める工夫をすべきです。

**問❸赤ペン** 現行憲法では、法律留保《りゅうほ》事項として「罰則」だけが明示されていたのに対して、草案はそれを拡大し、義務を課し、権利を制限するところまで広げています。しかし、民主主義が進化した今日では、このような侵害留保（＊）の考え方を一歩進め、民主主義的に重要な事項にも、法律によるコントロールを及ぼす考え方が有力です。この草案が、改正によって法律留保事項の範囲に決着をつける趣旨を含むとすれば、その範囲は狭きに失するとのそしりを免れないでしょう。

＊侵害留保…国民に義務を課したり、国民の権利を制限したりする侵害的な行政作用については法律の根拠が必要であるが、そうでないものについては法律の根拠を要しないとする考え方。

あなたの赤ペン

# 司法

## 自民党草案

第六章　司法

（最高裁判所の規則制定権）

第七十七条　最高裁判所は、裁判に関する手続、弁護士、裁判所の内部規律及び司法事務処理に関する事項について、規則を定める権限を有する。

2　検察官、①弁護士その他の裁判に関わる者は、最高裁判所の定める規則に従わなければならない。

（最高裁判所の裁判官）

第七十九条（1、3～5　略）

2　最高裁判所の裁判官は、その任命後、②法律の定めるところにより、国民の審査を受けなければならない。

## 現行憲法

第六章　司法

第七十七条　最高裁判所は、訴訟に関する手続、弁護士、裁判所の内部規律及び司法事務処理に関する事項について、規則を定める権限を有する。

2　①検察官は、最高裁判所の定める規則に従はなければならない。

第七十九条　（1、3〜6　略）

2　最高裁判所の裁判官の任命は、②その任命後初めて行はれる衆議院議員総選挙の際国民の審査に付し、その後十年を経過した後初めて行はれる衆議院議員総選挙の際更に審査に付し、その後も同様とする。

**チェック問題**

問❶　七十七条2項に「弁護士その他の裁判に関わる者」を加えたことは、どう影響しますか。

問❷　最高裁判所裁判官の国民審査が法律に委《ゆだ》ねられると、どのようなことが想定されるでしょうか。

### 自民党の改正理由

現行憲法七十九条2項から4項までに、最高裁判所裁判官の国民審査に関する規定が置かれています。しかし、現在まで国民審査によって罷免《ひめん》された裁判官は一人もいないなど、その制度が形骸化《けいがいか》しているという批判がありました。そこで草案では、国民審査の方法は憲法では定めず、法律で定めることとしました。国民審査を国民にわかりやすいものにするのは簡単ではありませんが、このように規定することで、立法上、工夫の余地が出てくると考えます。

赤ペンチェック

**問❶赤ペン** 現行憲法では、あえて検察官に対してのみ最高裁判所規則に従うべき規定を置いていますが、草案では、これを公務員ではない弁護士にも広げました。こうした遵守《じゅんしゅ》規定をあえて憲法に書きこむことは、弁護士の自治を侵すことにつながるという懸念《けねん》があります。

**問❷赤ペン** 現行憲法では、最高裁判所裁判官が一〇年ごとの国民審査に付されるのに対して、草案は、国民投票の内容を法律に委《ゆだ》ねる趣旨です。法律の内容しだいでは、たとえば審査を一回限りとする仕組みも想定されます。それでは、最高裁判所が憲法保障に後ろ向きの態度をとるときに、それを是正《ぜせい》する機能を国民審査が果たせなくなるおそれがあります。すなわち、国民主権の後退につながります。

**あなたの赤ペン**

# 地方自治

## 自民党草案

第八章　地方自治

①
（地方自治の本旨）

第九十二条　地方自治は、住民の参画を基本とし、住民に身近な行政を自主的、自立的かつ総合的に実施することを旨として行う。

2　住民は、その属する地方自治体の役務の提供を等しく受ける権利を有し、その負担を公平に分担する義務を負う。

②
（地方自治体の種類、国及び地方自治体の協力等）

第九十三条　地方自治体は、基礎地方自治体及びこれを包括する広域地方自治体とすることを基本とし、その種類は、法律で定める。

2　地方自治体の組織及び運営に関する基本的事項は、地方自治の本旨に基づいて、法律で定める。

3　国及び地方自治体は、法律の定める役割分担を踏まえ、協力しなければならない。地方自治体は、相互に協力しなければならない。

（地方自治体の議会及び公務員の直接選挙）

第九十四条　地方自治体には、法律の定めるところにより、条例その他重要事項を議決する機関として、議会を設置する。

２　地方自治体の長、議会の議員及び法律の定めるその他の公務員は、当該地方自治体の住民であって③日本国籍を有する者が直接選挙する。

（地方自治体の権能《けんのう》）

第九十五条　地方自治体は、その事務を処理する権能を有し、法律の範囲内で条例を制定することができる。

⑤（地方自治体の財政及び国の財政措置）

第九十六条　地方自治体の経費は、条例の定めるところにより課する地方税その他の自主的な財源をもって充《あ》てることを基本とする。

２　国は、地方自治体において、前項の自主的な財源だけでは地方自治体の行うべき役務の提供ができないときは、法律の定めるところにより、必要な財政上の措置を講じなければならない。

３　第八十三条第二項の規定は、地方自治について準用する。

（地方自治特別法）

第九十七条　特定の地方自治体の組織、運営若《も》しくは権能について他の地方自治体と異なる定めをし、又は特定の地方自治体の住民にのみ義務を課し、権利を制限する特別法は、法律の定めるところにより、その地方自治体の住民の投票において有効投票の過半数の同意を得なければ、制定することができない。

## 現行憲法

第八章　地方自治

第九十二条　地方公共団体の組織及び運営に関する事項は、地方自治の本旨に基いて、法律でこれを定める。

第九十三条　地方公共団体には、法律の定めるところにより、その議事機関として議会を設置する。

2　地方公共団体の長、その議会の議員及び法律の定めるその他の吏員《りいん》は、その地方公共団体の住民が、直接これを選挙する。

第九十四条　地方公共団体は、④その財産を管理し、事務を処理し、④及び行政を執行する権能を有し、法律の範囲内で条例を制定することができる。

第九十五条　一の地方公共団体のみに適用される特別法は、法律の定めるところにより、その地方公共団体の住民の投票においてその過半数の同意を得なければ、国会は、これを制定することができない。

### チェック問題

問❶　「地方自治の本旨」の明文化には、どのような問題があるでしょうか。

問❷　九十三条の「地方自治体の種類」の明文化と、国と自治体の「協力義務」の問題点を述べなさい。

問❸　九十四条2項に、「日本国籍を有する者」と加えたことの意図はなんでしょうか。

問❹　現行憲法九十四条から、草案九十五条（地方自治体の権能）に変更する際、「財産管理」と「行政を執行する権能を有し」が削除されたのには、どのような意図があるでしょうか。

問❺　新たに九十六条に財政の規定を置いた意図はどのようなものでしょうか。

## 自民党の改正理由

従来「地方自治の本旨」という文言が無定義で用いられていたため、九十二条において明確化を図りました。また、自治の精神をより明確化するため、これまで「地方公共団体」とされてきたものを、一般に用いられている「地方自治体」という用語に改めました。

九十三条は、地方自治体の種類、国及び地方自治体の協力等についての規定です。1項では現行憲法では言及されていなかった地方自治体の種類や、地方自治が二層制を採ることについて言及しました。「基本と」するとは、基礎地方自治体及び広域地方自治体以外にも、地方自治体には、一部事務組合、広域連合、財産区などがあることから、そのように規定したものです。3項では、東日本大震災の教訓に基づき、国と地方自治体間、地方自治体同士の協力について定めました。

九十四条では、「地方自治体の住民であって日本国籍を有する者が直接選挙する」と規定し、外国人に地方選挙権を認めないことを明確にしました。地方自治は、我が国の統治機構の不可欠の要素を成し、その在り方が国民生活に大きな影響を及ぼす可能性があることを踏まえると、国政と同様に地方政治の方向性も主権者である国民が決めるべきであります。なお、外国人も税金を払っていることを理由に地方参政権を与えるべきとの意見もありますが、税金は飽くまでも様々な行政サービスの財源を賄うためのもので、何らかの権利を得るための対価として支払うものではなく、直接的な理由にはなりません。

九十五条は、地方自治体の権能に関する規定です。地方自治体の条例が「法律の範囲内で」制定できることについては、変更しませんでした。条例の「上書き権」のようなことも議論されていますが、こうしたことは個別の法律で規定することが可能であり、国の法律が地方の条例に優先するという基本は、変えられないと考えています。

九十六条に、地方自治が自主的財源に基づいて運営されることなどを規定しました。その1項は、地方自治は自主的財源に基づいて運営されることを基本とすることを明確に宣言したものです。なお、「地方交付税は、1項の自主的財源に当たるのか」という点については、地方交付税も同項の自主的財源に当たるものと考えています。

2項は、国による地方財政の保障義務を定める趣旨の規定です。地方自治体において、1項の自主的な財源だけでは住民に対する十分なサービスの提供ができない場合には、国は必要な財政上の措置を講じなければならないことを定めました。
3項で、地方自治について、財政の健全性が確保されなければならないことを規定しました。国の財政健全性の確保に関する規定を準用する形をとっています。

**赤ペンチェック**

**問❶赤ペン** 現行憲法の解釈として、「地方自治の本旨」は、団体自治（＊1）と住民自治（＊2）によって構成されると考えられてきました。しかし、草案が明確化した「地方自治の本旨」の定義からは、実質的に団体自治は除外されているのです。

＊1　団体自治…国から独立した団体を設け、この団体が自己実務を自己の機関により自己の責任において処理すること。国家に対する地方の独立を意味し、地方の領域に対する中央政府の介入を排除することを通じて、住民の自由を保障するという側面がある。また同時に、中央と地方が抑制と均衡《きんこう》を及ぼしあうことで、住民の人権保障に資する結果がもたらされるという、権力分立の原理に基づく考え方だともいえる。

＊2　住民自治…地域の住民が地域的な行政需要を自己の意思に基づき、自己の責任において充足すること。地方政治・地方行政に対する直接の住民参加を重視するものであり、地方自治において民主主義を採用したものといえる。

草案九十二条1項によって、地方自治体には住民に身近な、しかも行政のみを行わせ、さらに草案九十五条において、地方自治体の財産管理・行政執行権能を憲法上削除し、単に「その事務を処理する権能を有」するのみとすることにより、その権限を弱体化させています。国政に対する抑止力として働く地方自治体の機能を減殺《げんさい》させようとする思想が読みとれます。公権力を国と地方に分散して、抑制と均衡《きんこう》を働かせることで濫用《らんよう》を防ぎ、人権を保障するという団体自治の思想は排除されているのです。

　また、中央から独立した団体として自治を行うことを否定することは、自由主義・権力分立の観点からも大きな問題です。権力は、選挙で選ばれた人が行使しても濫用されるおそれがあるので、地方が中央の政治に抑制と均衡を働かせる必要があるのです。このような権力の消極面を覆《おお》い隠すのは、草案の一貫した特徴といえます。

　そして「住民に身近な行政」と「それ以外の行政」という役割分担論は、地方から一定の権限を奪い、また国の事務や負担を地域住民に押しつけることに利用されるおそれがあり、地方自治を弱体化するでしょう。たとえばオスプレイ反対決議などを、地方議会が行うことを制限する根拠として使われる可能性があります。

　さらに2項で、地方自治負担分担義務を住民に課することは、立憲主義とは相容れません。

**問❷赤ペン** 改正理由によれば、1項は「現行憲法では言及されていなかった地方自治体の種類や、地方自治が二層制を採ることについて言及しました」となっています。議論の余地がある道州制（複数の都道府県を統合した広域自治体をつくり、自立のための権限を与える制度）を明文で草案に盛りこまなかった点は評価できますが、草案が規定するような地方自治の二段階構造自体にも争いがあるのですから、さらに十分な検討が必要です。

　また、選挙の区割りを考える際には自治体の境界を基準にしますから、一人一票の問題にも少なからず影響を与える問題といえ、その観点からのいっそうの吟味《ぎんみ》も必要です。

3項の自治体協力義務については、地方自治体が手続的に関与できない法律というルールで定められてしまう点で、団体自治の点から大きな問題です。その結果、自治体による平和活動や住民による身近な平和活動が阻害される危険が大きいでしょう。

**問③赤ペン** 地方自治体の選挙に関して「日本国籍を有する者が直接選挙する」と加えられましたが、地方参政権の国籍要件は、立法政策の問題であるとするのが憲法上の多数説であり、最高裁判所の立場と解されています（→51ページ）。この規定は、このような従来までの理解と相容れず、憲法で従来の判例を変更することになります。日本国籍を選挙権の要件とすることは、草案十五条3項と同様です。

**問④赤ペン** 地方自治体の財産管理・行政執行権能を削除してしまいました。草案九十二条1項、九十三条3項とあいまって、地方自治体を国から与えられた役割をこなす事務処理機関に押しとどめ、国政に対する抑止力として機能する余地を大幅に制限したといえます。このことは、地方自治体を中央政府の出先機関として、国の事務処理だけをこなす地位に貶《おとし》めるおそれがあります。

草案は、現行憲法を、「国家が国民を支配するための道具」としての憲法に改変するものであり、「国家が地方を支配するための道具」としての憲法に改変するという発想は一貫しているとも指摘できます。

**問⑤赤ペン** 地方自治が自主的財源に基づいて運営されるという原則を新たに規定し、財政の自立を促していいます。また、3項で「八十三条2項を準用する」となっており、「財政の健全性は、法律の定めるところにより、確保されなければならない」ということになります。自治体の規模によってサービスの内容も変わるでしょうし、その分を住民が負担するということもあり得るでしょう。

あなたの赤ペン

# 緊急事態

## 自民党草案

第九章　緊急事態

（緊急事態の宣言）

第九十八条　内閣総理大臣は、我が国に対する外部からの武力攻撃、内乱等による社会秩序の混乱、地震等による大規模な自然災害その他の法律で定める緊急事態において、特に必要があると認めるときは、法律の定めるところにより、閣議にかけて、緊急事態の宣言を発することができる。

2　緊急事態の宣言は、法律の定めるところにより、事前又は事後に国会の承認を得なければならない。

3　内閣総理大臣は、前項の場合において不承認の議決があったとき、国会が緊急事態の宣言を解除すべき旨《むね》を議決したとき、又は事態の推移により当該《とうがい》宣言を継続する必要がないと認めるときは、法律の定めるところにより、閣議にかけて、当該宣言を速やかに解除しなければならない。また、百日を超えて緊急事態の宣言を継続しようとするときは、百日を超えるごとに、事前に国会の承認を得なければならない。

4　第二項及び前項後段の国会の承認については、第六十条第二項の規定を準用する。この場合において、同項中「三十日以内」とあるのは、「五日以内」と読み替えるものとする。

（緊急事態の宣言の効果）

第九十九条　緊急事態の宣言が発せられたときは、法律の定めるところにより、内閣は法律と同一の効力を有する政令を制定することができるほか、内閣総理大臣は財政上必要な支出その他の処分を行い、地方自治体の長に対して必要な指示をすることができる。

2　前項の政令の制定及び処分については、法律の定めるところにより、事後に国会の承認を得なければならない。

3　緊急事態の宣言が発せられた場合には、何人も、法律の定めるところにより、当該宣言に係る事態において国民の生命、身体及び財産を守るために行われる措置に関して発せられる国その他公の機関の指示に従わなければならない。この場合においても、第十四条、第十八条、第十九条、第二十一条その他の基本的人権に関する規定は、最大限に尊重されなければならない。

4　緊急事態の宣言が発せられた場合においては、法律の定めるところにより、その宣言が効力を有する期間、衆議院は解散されないものとし、両議院の議員の任期及びその選挙期日の特例を設けることができる。

チェック問題

問❶ 第九章「緊急事態」は、なぜ新たに規定されたのでしょうか。それは本当に必要なのでしょうか。

問❷ このような「緊急事態条項」を憲法に定めることに、どのような危険があるでしょうか。

## 自民党の改正理由

新たな章を設け、「緊急事態」について規定しました。具体的には、有事や大規模災害などが発生したときに、緊急事態の宣言を行い、内閣総理大臣等に一時的に緊急事態に対処するための権限を付与することができることなどを規定しました。

国民の生命、身体、財産の保護は、平常時のみならず、緊急時においても国家の最も重要な役割です。東日本大震災における政府の対応の反省も踏まえて、緊急事態に対処するための仕組みを、憲法上明確に規定しました。このような規定は、外国の憲法でも、ほとんどの国で盛りこまれています。

九十八条で緊急事態の宣言の根拠規定や手続を定め、九十九条でその効果を定めています。

まず、九十八条1項で、内閣総理大臣は、外部からの武力攻撃、内乱等の社会秩序の混乱、大規模な自然災害等が発生したときは、閣議にかけて、緊急事態の宣言を発することができることとしました。ここに掲げられている事態は例示であり、どのような事態が生じたときにどのような要件で緊急事態の宣言を発することができるかは、具体的には法律で規定されます。

緊急事態の宣言を発したら、内閣総理大臣が何でもできるようになるわけではなく、その効果は次の九十九条に規定されていることに限られます。よく「戒厳令《かいげんれい》ではないか」などと言う人がいますが、決してそのようなことではありません。九十九条に規定している効果を持たせたいときに、緊急事態の宣言を行うのです。

緊急事態の宣言の手続について、最も議論されたのは、「宣言を発するのに閣議にかける暇はないのではないか」ということでした。しかし、内閣総理大臣の専権とするには余りに強大な権限であること、また、次の九十九条に規定されている宣言の効果は一分一秒を争うほどの緊急性を要するものではないことから、閣議にかけることとしました。たとえば「我が国に対してミサイルが発射されたときに、それを迎撃するのに、閣議決定をしていては、まにあわないではないか」などと質問されますが、そうしたことは九条の二、2項などの別の法制で考えるべきことであり、緊急事態の宣言とは直接関係はありません。

2項で、国会による民主的統制の確保の観点から、緊急事態の宣言には、事前又は事後に国会の承認が必要であることを規定しました。当然事前の承認が原則ですが、緊急事態に鑑み、事後になることもあり得ると考えられます。

3項で、緊急事態の宣言の終了について、規定しました。この規定は、当初の案では、憲法に規定せずに法律事項とする考えでしたが、党内議論の中で、「宣言は内閣総理大臣に対して強大な権限を与えるものであることから、授権の期間をきちんと憲法上規定すべきだ」という意見があり、その期間を一〇〇日とする規定を設けたところです。その他、国会が宣言を解除すべきと議決したときにも、宣言は解除されるものと規定しました。

4項で、緊急事態の宣言承認の議決については、衆議院の議決が優越することを規定しました。宣言の解除の議決については、衆議院の優越はありません。また、参議院の議決期間は、緊急性に鑑み、五日間としました。

九十九条1項で、緊急事態の宣言が発せられたときは、内閣は緊急政令を制定し、内閣総理大臣は緊急の財政支出を行い、地方自治体の長に対して指示できることを規定しました。ただし、その具体的内容は法律で規定することになっており、内閣総理大臣が何でもできるようになるわけではありません。

緊急政令は、現行法にも、災害対策基本法と国民保護法（「武力攻撃事態等における国民の保護のための措置に関する法律」をいう。以下同じ）に例があります。したがって、必ずしも憲法上の根拠が必要ではありませんが、根拠があることが望ましいと考えたところです。緊急の財政支出の具体的内容は、法律で規定されます。予備費があれば、先ず予備費で対応するのが原則です。

地方自治体の長に対する指示は、法律の規定を整備すれば憲法上の根拠がなくても可能です。草案の規定は、憲法上の根拠があることが望ましいと考えて、念のために置いた規定です。この規定を置いたからといって、緊急事態以外では地方自治体の長に対して指示できないというわけではありません。

九十九条2項で、1項の緊急政令の制定と緊急の財政支出について、事後に国会の承認を得ることが必要であることを規定しました。なお、緊急政令は、承認が得られなければ直ちに廃止しなければなりませんが、緊急の財政支出は、承認が得られなくても既に支出が行われた部分の効果に影響を与えるものではないと考えます。

ほかに、緊急事態の宣言の効果として、国民保護のための国等の指示に従う義務（九十九条3項）、衆議院の解散の制限や国会議員の任期及び選挙期日の特例（九十九条4項）を定めています。

九十九条3項で、緊急事態の宣言が発せられた場合には、国民は、国や地方自治体等が発する国民を保護するための指示に従わなければならないことを規定しました。現行の国民保護法において、こうした憲法上の根拠がないために、国民への要請は全て協力を求めるという形でしか規定できなかったことを踏まえ、法律の定める場合には、国民に対して指示できることとするとともに、それに対する国民の遵守義務を定めたものです。「国民の生命、身体及び財産を守るために行われる措置」という部分は、党内議論の、「国民への指示は何のために行われるのか明記すべきだ」という意見を受けて規定したものです。

後段の基本的人権の尊重規定は、武力攻撃事態対処法の基本理念の規定（同法三条4項後段）をそのまま援用したものです。「緊急事態であっても、基本的人権は制限すべきではない」との意見もありますが、国民の生命、身体及び財産という大きな人権を守るために、そのため必要な範囲でより小さな人権がやむなく制限されることもあり得るものと考えます。

九十九条4項で、緊急事態の宣言が発せられた場合は、衆議院は解散されず、国会議員の任期の特例や選挙期日の特例を定め得ることを規定しました。東日本大震災の後、被災地の地方議員の任期や統一地方選の選挙期日を、法律で特例を設けて延長したのですが、国会議員の任期や選挙期日は憲法に直接規定されているので、法律でその例外を規定することはできません。そこで、緊急事態の宣言の効果として、国会議員の任期や選挙期日の特例を法律で定め得ることとするとともに、衆議院はその間解散されないこととしました。

党内議論の中で、「衆議院が解散されている場合に緊急事態が生じたときは、前議員の身分を回復させるべきではないか」という意見もありましたが、衆議院議員は一度解散されればその身分を失うのであり、憲法上参議院の緊急集会も認められているので、その意見は採用しませんでした。それに対し、「いつ総選挙ができるか分からないではないか」という意見もありましたが、緊急事態下でも総選挙の施行が必要であれば、通常の方法ではできなくとも、期間を短縮するなど何らかの方法で実施することになるものと考えています。なお、参議院議員の通常選挙は、任期満了前に行われるのが原則であり、参議院議員が大量に欠員になることは通常ありません。

**赤ペンチェック**

**問❶赤ペン** 「改正理由」にもあるように、「東日本大震災で行政が迅速《じんそく》に対応できなかったのは、憲法に緊急事態条項を定めていなかったからだ」といわれることがあります。

しかし、当時から、大災害に対応するための法律はほぼすべて整備済みでした。なぜ迅速な対応ができなかったのでしょうか。災害対策の基本は「準備していないことはできない」ということにあります。すなわち、災害対策基本法、災害救助法など、さまざまな法律のオペレーションの訓練をしていなかったからなのです。原発の安全神話などは、その最たる原因です。単に緊急事態条項を憲法に定めさえすれば災害対策がスムーズに進むかのような言い方は、実態とかけ離れた、ためにする議論です。

また、災害対策は、憲法に緊急権を定めて権力を集中するよりも、現場の自治体が十分な権限をもち、日頃から訓練しておくことが必要です。現場から遠い官邸に権力を集中させても、情報が不十分なまま即座の対応ができず、的外れな指示がかえって対処を遅れさせることになりかねません。もちろん、地震や自然災害が多い日本で、災害に対応する仕組みは必要ですが、そのためにあるのが参議院の緊急集会の制度です。自然災害に対応すべく、憲法制定時に日本側の提案で盛り込まれたものです。

また、これも「改正理由」に指摘されていますが、「日本の憲法だけが緊急事態条項をもっていないのはおかしい」と言われることがあります。たしかに、憲法は緊急権を定めていません。しかしそれは、緊急権が戦争条項のひとつであり、現行憲法下では日本が戦争をしない国として、正規の軍隊をもたないためです。成文憲法をもつドイツ、フランス、イタリアなどでは主として戦時の緊急対応のために緊急権を定めています。また、戦前の日本では天皇の非常大権や戒厳令《かいげんれい》などを定めていました。しかし現行憲法で日本は戦争をしない国になったので、それは必要がないのです。

災害対策と結びつけて緊急権を設けようとするのは、緊急権の本質を国民の目から遠ざけようとするものであり、むしろ徹底した恒久平和主義と真っ向から衝突するものです。

**問❷赤ペン** 緊急権は、憲法秩序、すなわち「権力分立」と「人権保障」を停止する制度です。草案に則して見てみましょう。

草案は、内閣が「法律と同一の効力を有する政令を制定することができる」（草案九十九条1項）として、立法権を内閣に集中させます。しかしこれは、内閣が新しく法律をつくるだけでなく、いままであった法律をすべて、時の政権に都合よく書き換えることができるものです。

また草案は、「何人も……国その他公の機関の指示に従わなければならない」（同条3項）として無限定に人権制限を認めます。そこでたとえば、雑誌や書籍の発行、インターネット等での情報発信を禁止したまま、緊急事態宣言下で憲法改正を国民投票にかければ、六〇日後に憲法改正まで可能になります。

のみならず、「内乱等」「地震等」「法律で定める緊急事態」（九十八条1項）など、緊急事態宣言を行うことができる場合を憲法で明確に限定していないため、小規模の災害を口実に緊急事態が宣言されるおそれがあります。

さらに、諸外国の多くでは、緊急時の権力行使を司法的にチェックする規定が憲法に定められています。しかし、自民党の草案にはそれがないため、権力行使を事後的にチェックする機会がなく、濫用《らんよう》のおそれはますます高まります。

一般に、緊急事態条項は濫用のおそれが高いものです。明治憲法でも戒厳（十四条）の規定がありましたが、関東大震災と二・二六事件の際に行政戒厳が濫用され、多くの社会主義者や朝鮮人が虐殺《ぎゃくさつ》されました。緊急事態条項の濫用は、ドイツのワイマール憲法四十八条の例が有名ですが、日本においても濫用されてきたのです。

この緊急事態条項の危険性は、「今後の憲法改正への流れ」でも指摘していますので、ご参照ください。

## あなたの赤ペン

# 改正

## 自民党草案

第十章　改正

第百条　この憲法の改正は、衆議院又は参議院の議員の発議により、両議院のそれぞれの総議員の①過半数の賛成で国会が議決し、国民に提案してその承認を得なければならない。この承認には、法律の定めるところにより行われる国民の投票において有効投票の過半数の賛成を必要とする。

2　（略）

## 現行憲法

第九章　改正

第九十六条　この憲法の改正は、各議院の総議員の①三分の二以上の賛成で、国会が、これを発議し、国民に提案してその承認を経なければならない。この承認には、特別の国民投票又は国会の定める選挙の際行はれる投票において、その過半数の賛成を必要とする。

2　（略）

チェック問題

**問❶** 「三分の二以上」の賛成が必要だった憲法改正発議の要件を、「過半数」と変えることの意味はなんでしょう。

## 自民党の改正理由

現行憲法は、両院で三分の二以上の賛成を得て国民に提案され、国民投票で過半数の賛成を得てはじめて、憲法改正が実現することとなっており、世界的に見ても、改正しにくい憲法となっています。

憲法改正は、国民投票に付して主権者である国民の意思を直接問うわけですから、国民に提案される前の国会での手続きを余りに厳格にするのは、国民が憲法について意思を表明する機会が狭《せば》められることになり、かえって主権者である国民の意思を反映しないことになってしまうと考えました。

なお、「過半数では通常の法律案の議決と同じであり、それでは、時の政権に都合のよい憲法改正案が国民に提案されることになって、かえって憲法が不安定になるのではないか。そう考えると、国会の提案要件を両議院の五分の三以上としてはどうか」という意見もありました。しかし、三分の二と五分の三ではあまり差はなく、法令上議決要件を五分の三とする前例もないことから、多数の意見を採用して過半数としたところです。

赤ペンチェック

**問❶赤ペン** 改正理由によれば、両院で三分の二以上の賛成を求める発議要件が「世界的に見ても、改正しにくい憲法」であるとなっていますが、日本よりも厳格な改正手続でありながら、スイス憲法やアメリカ合衆国憲法などはたびたび改正が行われています。憲法改正が行われたかどうかは、改正手続の厳格さによるのではなく、むしろ、政治的・社会的変化によって改正の要求が生じたかどうかによるところが大きいのです。言い換えれば、主権者である国民が憲法改正を求めているかどうかが重要なのです。

また、どのような改正手続が妥当かは、時代により、国により異なるのであって、外国と比べて硬性度（変えにくさ）が高いから緩《ゆる》やかにすべきだというのは根拠のない理由です。

また、改正理由で、国会での手続を厳格にするのは、かえって主権者である国民の意思を反映しないことになってしまうというのですが、「主権者の国民の意思」というとき、プレビシット（＊）の危険に思いを致す必要があります。プレビシットとは、人民投票が、人民意思の名による権力の正当化として機能する場合をいいます。もし国会の発議が過半数で行われるならば、国会の多数派が、「〇〇劇場」といったような、ある種の政治的ムードの下に国民投票を行い、多数派の意に沿うように憲法を改正し、少数派の人権を弾圧する危険があるのです。

＊プレビシット…強権的な政治権力者が、国民の支持を受けていることを議会に対して示威《じい》する手段として国民投票を利用すること。国民投票は、国民が民意を反映するため（レファレンダム）と、権力が民意を統合するため（プレビシット）の両方の使われ方をされる可能性があり、プレビシットは投票結果という世論により通常の審議手続に事実上の拘束力をかけ、独裁を正当化する。ナポレオン三世は国民投票を利用して独裁体制を確立したため、フランス憲法学では、レファレンダムとプレビシットの区別についての議論がさかんに行われてきた。

二〇一六年、ＥＵからの離脱を問うイギリスの国民投票では、予想に反し、離脱支持が五一・八九パーセントと、残留支持の四八・一一パーセントを僅差《きんさ》で上まわりました。しかし、離脱に投票した人の多くが、その意味するところをよくわからずに投票したとも言われています。憲法改正の国民投票に際しても、さきに述べたように、憲法の本質を学び、対立軸をふまえてしっかり考えておかなければなりません。

現行憲法が発議要件を過半数ではなく三分の二としたのは、少数派の人権を守るという立憲主義思想の端的な表れです。国会の過半数を獲得した政権与党だけの提案によるのではなく、野党である他党も賛同できるような、合理的な内容に落ちつくまで十分な審議討論を重ねて、合意を得たうえで国民に提案することを現行憲法は予定しているのです。

また、立憲主義の観点からすれば、憲法によって縛られる政治家が、その縛りから自由になろうとして改正要件の緩和を主張するのは許されないことです。さらに、強行採決含みの「過半数」による改憲の提案（発議）が、国民投票の過半数で承認された場合、それが次の政権で同様の手続により揺りもどされることが繰り返されるとすれば、憲法の安定性の価値は完全に失われてしまいます。憲法は最高法規なのですから、時の政権、政治状況によってふらふらと揺れうごくものであってはならないのです。あくまでも安定的に、国家の基本法として機能しなければなりません。これこそが憲法改正の要件を厳格にしている理由です。

あなたの赤ペン

# 最高法規

**自民党草案**

第十一章　最高法規

（憲法の最高法規性等）

第百一条　この憲法は、国の最高法規であって、その条規に反する法律、命令、詔勅《しょうちょく》及び国務に関するその他の行為の全部又は一部は、その効力を有しない。

2　日本国が締結した条約及び確立された国際法規は、これを誠実に遵守《じゅんしゅ》することを必要とする。

（憲法尊重擁護《ようご》義務）

第百二条　②全て国民は、この憲法を尊重しなければならない。

2　国会議員、国務大臣、裁判官その他の公務員は、この憲法を擁護する義務を負う。

## 現行憲法

第十章　最高法規

①第九十七条　この憲法が日本国民に保障する基本的人権は、人類の多年にわたる自由獲得の努力の成果であつて、これらの権利は、過去幾多の試錬に堪へ、現在及び将来の国民に対し、侵すことのできない永久の権利として信託されたものである。

第九十八条　この憲法は、国の最高法規であつて、その条規に反する法律、命令、詔勅《しょうちょく》及び国務に関するその他の行為の全部又は一部は、その効力を有しない。

2　日本国が締結した条約及び確立された国際法規は、これを誠実に遵守《じゅんしゅ》することを必要とする。

第九十九条　③天皇又は摂政《せっしょう》及び国務大臣、国会議員、裁判官その他の公務員は、この憲法を尊重し擁護《ようご》する義務を負ふ。

### チェック問題

**問❶**　現行憲法の第九十七条が削除されたことに、どのような意味があるでしょうか。

**問❷**　国民の憲法尊重義務が織りこまれたことは、立憲主義の観点から見てどうでしょうか。

**問❸**　憲法擁護義務から、「天皇と摂政」を外したのはなぜでしょうか。

### 自民党の改正理由

基本的人権の本質について定める現行憲法九十七条を削除しましたが、これは、現行憲法十一条と内容的に重複している（＊）と考えたために削除したものであり、「人権が生まれながらにして当然に有するものである」ことを否定したものではありません。

＊現行憲法の制定過程を見ると、十一条後段と九十七条の重複については、九十七条のもととなった総司令部案十条がＧＨＱホイットニー民政局長の直々の起草によることから、政府案起草者がその削除に躊躇《ちゅうちょ》したのが原因であることが明らかになっている。

憲法の制定権者たる国民も、憲法を尊重すべきことは当然であることから、百二条1項を新設し、「全て国民は、この憲法を尊重しなければならない」と規定しました。「国民は、『遵守義務』でいいのではないか」という意見もありましたが、憲法も法であり、遵守するのはあまりに当然のことであって、憲法に規定を置く以上、一歩進めて憲法尊重義務を規定したものです。なお、その内容は、「憲法の規定に敬意を払い、その実現に努力する」といったことです。この規定は、飽くまで訓示《くんじ》規定であり、具体的な効果があるわけではありません。なお、公務員に関しては、同条2項で憲法擁護義務を定め、国民の憲法尊重義務とは区別しています。すなわち、公務員の場合は、国民としての憲法尊重義務に加えて、「憲法擁護義務」、すなわち、「憲法の規定が守られない事態に対して、積極的に対抗する義務」も求めています。

**赤ペンチェック**

**問❶赤ペン** 現行憲法では、最高法規の章において、最初に「基本的人権の永久不可侵性《ふかしんせい》」を宣言し（九十七条）、次いで最高法規性に関する九十八条1項を置いています。これに対して草案第十一章「最高法規」では、基本的人権の永久不可侵性に関する規定を置かずに、最高法規性の規定だけを置いています。

憲法が最高法規であるのは、その内容が、人間の権利・自由をあらゆる国家権力から不可侵のものとして保障する規範を中心として構成されているからです。草案第十一章の構成は、その実質的最高法規性を明示しておらず、立憲主義は大きく後退しています。立憲主義的憲法の価値が人権の保障にあることは明確にしておくべきですから、九十七条は立憲主義の本質に関わるきわめて重要な条文といえ、削除すべきではありません。

**問❷赤ペン** 改正理由によれば「憲法制定権者たる国民も憲法を尊重すべきことは当然である」とされ、また「この規定は、飽くまで訓示《くんじ》規定」とされています。しかし、個人の尊重を実現するために権力を規制するのが立憲主義なのですから、憲法尊重擁護義務の名宛人《なあてにん》は権力者であって、国民ではありません。仮に国民が憲法を尊重することが「当然」だとしても、その義務を「憲法に明記」すべきかどうかはまったく次元が違う問題です。

さらに、訓示規定だから問題ないとも言いきれません。義務を実効化するための法律を新たに定める際の論拠に利用される可能性が高いからです。草案では、国民に、国防義務（前文第三段落）、日の丸・君が代尊重義務（三条）、領土・資源確保義務（九条の三）、公益及び公の秩序服従義務（十二条）、個人情報不当取得等禁止義務（十九条の二）、家族の相互扶助義務（二十四条）、環境保全義務（二十五条の二）、地方自治負担分担義務（九十二条2項）、緊急事態指示服従義務（九十九条3項）など、数多くの義務規定を定めています。

国民にも憲法尊重擁護が義務づけられることで、これらの義務を具体化する法律が制定され、国民の自由を大幅に制限してくる危険性が一気に高まります。したがって、本条は立憲主義という現行憲法の本質を大転換・逆転させるもので、大きな問題を含んでいます。

**問❸赤ペン** 草案百二条2項は、現行憲法が天皇・摂政に課している憲法尊重擁護義務を削除しています。元首である天皇に義務を課することは、その権威を弱めるものであるとする配慮があるものと推測できます。仮に天皇・摂政を「その他の公務員」に含める趣旨であるのなら評価できますが、残念ながら、ほかの改正案から考えてありえないでしょう。

天皇・摂政を憲法に拘束されない地位におき、天皇を元首とする規定（草案一条）を側面から支え、元首としての権威を高めるねらいがあるとみられます。公務員として職務を行う天皇・摂政の憲法尊重義務を削除することは、憲法によるこれらの者への規範的拘束力を失わせるものであり、立憲主義に反します。

**あなたの赤ペン**

# 今後の憲法改正への流れ

## 自民党がねらう改憲の戦略

自民党が目指す改憲の本命は、第九条を変えて国防軍を持ち、武力を行使できるようにすることにあります。しかし、九条の改正は国民のなかに抵抗が強く、実現は容易ではありません。そこで自民党は、本格的な改憲に先立ち、各党の理解を得やすい条項を憲法に加えて改憲の前例をつくり、野党や国民がもつ心理的抵抗を取り除いてから、九条改憲へと進む動きを見せています。「合意を得やすい」条文を選定し、改憲に対する安心感をもたせてから本丸の改憲に進む、「お試し改憲」といわれる戦略です。自民党内で提案された改憲項目には、①緊急事態条項、②環境権、③財政規律条項の加憲《かけん》があります。「加憲」とは、現状の憲法の条文に手をつけずに、新しい内容を加えることです。

一方、改憲勢力のひとつである「おおさか維新の会」は、改憲案として教育の無償化《むしょうか》、地域主権、憲法裁判所の設置を示しています。改憲の項目には、ほかにもプライバシー権、私学助成の位置づけ等について明確化することなどが候補にあがることもあります。

## 具体的な改憲項目

改憲勢力が各院で三分の二以上を占めたことで、これから改憲の議論は各院の憲法審査会で行われることになるでしょう。そこで何について、どのような議論が行われるでしょうか。

「お試し改憲」ですから、第一に国民の支持を集めやすい項目でなければなりません。第二に、現行憲法の文言を変えない「加憲」にとどめることが条件になります。ここから予測すると、①緊急事態条項、②人口比例選挙の否定、③表現の自由の制限を挙げることができます。特に、②で選挙制度を歪め、③で政治的意見を封殺すれば、日本の民主主義は消滅してしまうといっても過言ではありません。

以下、これらを詳しく見てみましょう。

**①緊急事態条項**

本文でも取り上げていますが、ここでは緊急事態条項を「お試し改憲」として加憲することの危険性について述べます。

緊急事態条項が国民の支持を集めやすいのは、それが災害時に国民の生命・自由・財産を守るための仕組みだという誤解に基づいています。国家緊急権とは、非常事態において、国家の存立を維持するために、国家権力が、立憲的な憲法秩序を一時停止して非常措置をとる権限です。すなわち、「国民」の生命等よりも「国家」の存立維持が第一次的目的であることに注意してください。極論すれば、国民の生命を犠牲にしても、国家の存立維持を実現するための権限なのです。軍隊が国家の存立を守るために兵士の命を犠牲にするのと同じように、典型的には、戦時の緊急状態において、国家の存立を維持するために、国民の自由や財産を制約するための仕組みなのです。

また、緊急時ならば一時的な我慢も仕方がないと思う人もいるかもしれませんが、それは違います。緊急事態宣言により、衆議院は解散されなくなり、議員の任期が延長され、選挙は行われなくなり（草案九十九条4項）、宣言も一〇〇日ごとに更新できます（同九十八条3項）。したがって、現在の政権が緊急事態宣言を行い、更新しつづけることにより、政権を半永久的に存続させる危険があるのです。そのような濫用は空想上のものではなく、現に六〇年代フランスにおけるアルジェリア反乱の折に、ド・ゴール大統領によってなされました。特に最近注目を集めるテロ対策は、災害対処と違って、いつ緊急事態が終了したか微妙な判断が求められます。したがって、濫用的に更新を繰り返す危険性もいっそう高いのです。そうした永続化を防ぐために、諸外国の緊急事態条項には、宣言の終期や更新制限による歯止めが置かれています。ところが自民党の改憲草案では、歯止めになる仕組みがありません。「我慢」はけっして一時的なものとは限らないのです。

### ②人口比例選挙の否定

改憲草案によれば、現行四十七条に第二文が加えられ、「この場合においては、各選挙区は、人口を基本とし、行政区画、地勢等を総合的に勘案して定めなければならない。」(傍点筆者)とされています。現行憲法十四条1項が政治的差別を禁止し、一票の重さについて人口に比例させることを原則としているのに対し、改憲草案は「勘案すべき一要素」に後退させているのです。もしこのように改憲されてしまえば、一人一票裁判で「違憲状態」とされた不平等状態も、憲法を変えることで合憲にできてしまいます。

違憲状態の選挙を繰り返し、それを既成事実化した後で、憲法改正で追認するような非立憲的手法は許されません。憲法の理想に向けて、少しでも現実を変えることが、憲法の求めるところであり、憲法尊重擁護義務を負っている政治家の責務なのです。

それでも、この改正が国民の支持を得やすいのは、人口比例原則を徹底すると、人口の多い都市中心の政治が行われ、過疎《かそか》化する地方を無視することになる、という誤解があるからです。

第一に、憲法は議員を「都道府県の代表」ではなく「全国民の代表」としています（現行四十三条）。それは、国政が国防、外交、経済政策など国家レベルの課題を中心にあつかうからです。もし地方の一票を重くあつかうということになれば、そのような国の課題に、地方の有権者の意見を多く反映させることになってしまうのです。

第二に、これまで投票価値は地方が重くあつかわれてきたのですが、それでも過疎の解消等、地方の問題は解決されないどころか、より深刻になっています。地方の一票を重くしてみても、過疎の問題は解決できないのです。

第三に、一票の価値を手厚く保護されている地方は、地方全体から見れば、実はその一部に過ぎない点で、実は不徹底でした。

第四に、理論的に考えても、民主主義国家において政治的意思を決定するための手続きは、あくまでも中立でなければならないのです。

そう考えると、選挙区制度は人口比例を原則に組み立てながら、地方の過疎化問題は、そのなかで実効性のある政策を詰めていくべきです。現状で違憲状態とされている不平等を、明文で追認して合憲にしてしまうような改憲を認めることは、過疎化する地方にとっても有害です。

## ③表現の自由の制約

自民党の改憲草案によれば、現行憲法二十一条に第2項が加えられ、「前項の規定にかかわらず、公益及び公の秩序を害することを目的とした活動を行い，並びにそれを目的として結社をすることは、認められない。」とされています。現行憲法では、経済活動の自由（二十二条1項、二十九条1項）の条文に「公共の福祉」による制約が明記されており、これを根拠に、経済活動の自由は大幅に制約することができると考えられています。それに対して改憲草案は、さきの条項を加えることにより、表現の自由にも大幅な制約を認めようとするものです。

このような案が国民の支持を得やすいのは、プライバシーの権利やヘイトスピーチの問題が、表現の自由の行使と緊張関係にあるからです。表現の自由を無制約に認めると、たとえば週刊誌による私生活の暴露など、プライバシーの権利が侵害されやすくなるので、それを避けるためにプライバシー権を憲法に加憲すると同時に、この2項を二十一条に盛り込むことが考えられます。また、二〇一六年五月二四日にヘイトスピーチ規制法が成立しましたが、これを憲法上明確に位置づけるため等の名目で、そうする可能性もあります。

しかし、精神的自由は立憲民主制の政治過程にとって不可欠の権利です。情報を伝えあい、考え、世論をつくり、選挙などを通じて国民が政治を行うのが民主主義国の基本ルールです。ですから、それは経済的自由に比べて優越的地位を占めるという考え方を「精神的自由の優越的地位」と呼び、憲法学会では広く支持されてきました。ところが、このような条項を加えて表現の自由を規制しやすくすることは、立憲民主制を危機に陥《おとしい》れるものです。

しかも、規制根拠が「公共の福祉」ではなく「公益及び公の秩序」とされている点も問題です。ヘイトスピーチにせよプライバシーにせよ、他者の人権との調整で、表現の自由が制約を受ける場合もあるという話だったはずなのに、人権とはかかわりのないものを含む「公益」や「秩序」を理由に制約を認めることになるからです。たとえば、原発推進が経済的・環境的に日本政府の基本方針だとします。そこで原発反対デモをしようとすれば、それは「公益及び公の秩序」に違反するから禁止されうることになってしまい、大幅な表現・結社の規制が可能になることでしょう。

## 国民投票に関する注意点

もし改憲案が発議されると、六〇～一八〇日以内に国民投票の投票日が定められます。投票日までの間、国民に改正案の内容を周知する広報などが行われますが、果たしてその間に、私たち国民は国のあり方について情報を集めて十分に考えることができるでしょうか。

国民投票法には、最低投票率の定めがなく、有効投票の過半数で決まります。現状に不満で「改正したい」と思っている人の多くは積極的に投票に行くでしょうが、ある程度現状の憲法に満足している人は、わざわざ投票所に足を運ぶ必要性を感じにくいでしょう。しかし、棄権《きけん》する人が増えると、場合によっては有権者全体の二割くらいの得票でも、発議が承認されてしまうおそれがあります。発議後にはじめて賛否を考えはじめるのではなく、国会での審議が始まったときから情報を集め、考えておくこと、そして何よりも棄権しないことが不可欠です。

ここではイギリスの例を引きながら、国民投票について二つの注意点を指摘しておきます。

第一は、国民投票の怖さです。

二〇一六年六月、EUからの離脱を問う国民投票がイギリスで行われました。結果は大方の予想をくつがえし、離脱支持が五一・八九パーセントと、残留支持の四八・一一パーセントを僅差《きんさ》で上まわりました（投票率は七二パーセント）。しかし、離脱派が勝利した後、大手検索サイトのGoogleでは、「What does it mean to leave the EU?（EUを離脱するとどうなるの？）」が検索ワードのトップになったといいます。議会の採決が、質疑と討論を重ねながら多くの論点を熟慮《じゅくりょ》して行われるのに対して、国民投票は、国民が争点について深く掘り下げた情報を入手しないまま行われる可能性もあるため、必ずしもその真意を反映したものになるとは限らないのです。にもかかわらず、いったん結果が出てしまえば、再投票はもちろん、議会による修正もほぼ不可能になります。そこに国民投票の怖さがあります。改憲の国民投票に際しても、さきに述べたように、憲法を学び、対立軸をふまえてしっかり考えておかなければならないのです。

第二に、国民投票で判断できることには限界があることです。

国民投票は、いずれかの立場が一票でも多ければ結着し、少数派は多数派に従うことになります。非情ですが、それが民主主義ともいえます。ＥＵ離脱の可否のような政策問題なら、そういう決め方でも構いません。実行して不都合があれば、また議論した上で態度を変えればよいからです。

これに対して、個人の内面の問題は多数決で決めてはなりません。表現の自由、天皇制の評価、家族のあり方などの問題がそうです。これらは、生き方や世界観、信仰など、その人らしさという点から、多数決で決めて他人に押しつけることはできないからです。自分が何を幸せと考えるかについて、他人の判断のほうが正しいということはありえません。

また、表現の自由など精神的自由権の大幅な制約は、政策の当否はもちろん、個々人が政治を考え判断する基盤すら奪ってしまうでしょう。自民党の改憲草案は、そのような領域に深く立ち入りながら、人権を大幅に制約し、特定の国家観・家族観を強制する内容になっています。それを国民投票で承認するようなことがあれば、政策問題のように、「不都合に気づいたので、議論して態度を変える」ということさえできなくなるのです。それが二つめの恐ろしさなのです。

# おわりに――私たちにできること

本書では、自民党の日本国憲法改正草案について、現行憲法との比較の観点から読み解き、解説を加えてきました。「改正」される部分からさかのぼって、現行憲法の意義や改正案の問題点を指摘したため、現行憲法について、その全体を通しての理念や目指す社会のあり方を説明したものにはなっていません。お読みになって、現行憲法に関する説明に物足りなさを感じられた場合は、ぜひ、現行憲法について解説した書籍も、あわせて読んでみていただければと思います（文末参照）。

日本国憲法がつくられたのは、第二次世界大戦後、ＧＨＱの占領下でのことです。日本が受諾したポツダム宣言の内容は大きく二つ、非軍事化と人権尊重・民主化でした。それはつまり、大日本帝国憲法に定められた天皇主権を廃することと、軍隊を持たない平和主義の採用とを意味していました。

ＧＨＱの指示により、日本政府は憲法改正の検討を始めましたが、そこでまとめられた改正案はポツダム宣言に沿ったものとは言えず、天皇主権が残ったままの、明治憲法の一部修正というものでしかありませんでした。そのため、最高司令官マッカーサーは、ＧＨＱ内で新しい日本国憲法の草案を作成し日本側に提示したのです。しかし、明治憲法がドイツやオーストリアの憲法を参考にしたように、マッカーサー草案もまた、世界の国々の憲法を参考にしてつくられたものでした。また当時は、日本国内の研究者の間でも新憲法についてさまざまな案がつくられており、ＧＨＱでもそうした私案を参考にしたといわれ、なかでも「憲法研究会」において鈴木安蔵氏が中心となって作成した「憲法草案要綱」は、大きな影響を与えたと言われています。

日本国憲法の成立時の状況から、よく「押し付け憲法」という言われ方をすることがありますが、以上のようにポツダム宣言を受諾したことや、日本国内でつくられた憲法の私案が参考にされたこと、また、GHQの草案もそっくりそのまま受け入れたわけではなく、生存権条項の追加や、国会を二院制にする（GHQ案では一院制だった）など、日本側の政府・国会での審議・修正・議決がなされ、その上で国民に示され、圧倒的な支持をもって受け入れられました。ですから、単に一方的に押し付けられただけではなく、きちんと日本側が関与したものであるということは、憲法を研究する専門家の間では常識となっています。

もう一点、大きな議論になっているのが、やはり九条・平和主義をめぐる論点です。

大戦の直後は、連合国側に日本の再軍備に対する大きな懸念があり、前文と九条において徹底した平和主義がとられることとなりました。しかし、次第に東西冷戦の対立が激しくなり、平和主義を「押し付けた」はずのアメリカから、日本の再軍備を期待する声が出てくるようになりました。

朝鮮戦争を機に「警察予備隊」が組織され、のちに「保安隊」を経て現在の「自衛隊」になる過程で、憲法の解釈改憲が繰り返され、護憲派からも改憲派からも批判の声が上がっています。

また、冷戦の終結、アメリカの軍事費削減、国連による集団安全保障への取り組みなどが進むなかで、外国（主にアメリカ）から日本に対し、軍事的な貢献を求める声が出てきているのもたしかです。

それぞれの場面を見れば、なるほどと思われることもあるでしょうが、現行憲法のかかげる平和主義、とくにその、世界でもっとも進んでいると言われる積極的非暴力平和主義の理念を、軽々と捨ててしまってよいものでしょうか。「普通の国」として軍事による国際貢献をするのもひとつですが、普通の国にはできない、日本だからできる、日本にしかできない国際貢献のあり方を実践することも、日本や世界にとって極めて有意義なことだと思います。

そして、憲法の本質である近代立憲主義の考え方は、ぜひ皆さんにしっかりと覚えておいていただきたいと思います。

人それぞれを個人として尊重し、それゆえに、それぞれの人権を基本的人権として大切にする。国を動かす上では国家権力が必要だが、権力は往々にして国民の人権を脅かすことがあるから、権力への歯止めとして「憲法」が国民を守り、権力を抑制する。

自民党の改憲草案では、こうした基本的人権を尊重するという考え方を、「西欧」のものだから「改める必要がある」とし、「公益」や「公の秩序」という概念を、人権の上に立つものと位置づけてしまいました。立憲主義の考え方を根底から覆《くつがえ》すものであり、抑制される権力側が自らの枷《かせ》を外して自由になり、逆に国民を縛りつけようとしています。

こうした「改正」を憲法学の観点から考えた場合、元になる憲法の根本原理を覆してしまうような改正は、憲法の予定する改正の範囲を越えており、許されません。さきに挙げた「押し付け憲法論」や安全保障の考え方についてはまだ、いろいろな意見もあり、議論の余地もあるところでしょうが、人権規定に関する立憲主義の破壊については、実質的な内容面でも妥当とは思えませんし、形式的な改正の許容範囲も逸脱《いつだつ》してしまっているのです。

改正案に懸念を抱く国民に対し、改憲派からは「常識の範囲内にとどまる」とか「ひどいことはしない」と説明があるでしょう。しかし、いくらそう説明していても、年月がたって政権が替わったり、同じ政党でも代替わりをしていくと、話が変わってしまうことがあります。九条をめぐる憲法解釈などもよい例です。だからこそ憲法については、条文の解釈の幅をきちんと読み解いたうえで、国民の人権が侵害され得ないような文言《もんごん》で定めておく必要があるのです。

私たちは、過去の教訓に学び、雰囲気に流されたり、目先の議論にまどわされないようにする必要があります。そして、憲法がかかげる「国民主権、平和主義、基本的人権の尊重」という理念と、私たちの社会のあり方を、あらためて自らのこととして主体的に考えていかなければなりません。

〔伊藤真の憲法に関する本〕


『伊藤真の日本一わかりやすい憲法入門』(二〇〇九年、中経出版)
『憲法の力』(二〇〇七年、集英社新書)
『中高生のための憲法教室』(二〇〇九年、岩波ジュニア新書)
『憲法が教えてくれたこと――その女子高生の日々が輝きだした理由』(二〇一二年、幻冬舎ルネッサンス)
『高校生からわかる日本国憲法の論点』(二〇〇五年、トランスビュー)
『憲法の知恵ブクロ』(二〇一〇年、新日本出版社)
『けんぽうのえほん　あなたこそたからもの』(二〇一五年、大月書店)

著者　伊藤　真（いとう　まこと）

1958年東京生まれ。弁護士、法学館法律事務所所長、伊藤塾塾長、法学館憲法研究所所長。

「憲法を知ってしまったものの責任」から、日本国憲法の理念を伝える伝道師として、講演・執筆活動を精力的に行う。

また「一人一票実現国民会議」の発起人となり、多くの弁護士、著名人と共に、日本に真の立憲民主主義を実現すべく活動している。夢は世界の幸せの総量を増やすこと。日本を人権先進国、優しさ先進国、平和先進国にすること。

NHK「日曜討論」や「仕事学のすすめ」、テレビ朝日の「朝まで生テレビ」などにも出演。さまざまな媒体を通じてメッセージを日々発信している。著書は多数あり、中でも『伊藤真の試験対策講座』シリーズ（弘文堂）は、大学法学部のテキストにも使用され、司法試験・法科大学院入試など法律の資格試験対策のみならず、現役の法科大学院生や学部生など法律を勉強する多くの人に広く浸透している。

装幀・デザイン　藤本孝明＋如月舎
DTP　編集工房一生社

増補版　赤ペンチェック 自民党憲法改正草案

2016年9月1日　第1刷発行
2016年12月2日　第2刷発行

定価はカバーに表示してあります

著　者　伊　藤　　真
発行者　中　川　　進

〒113-0033　東京都文京区本郷2-11-9
発行所　株式会社　大　月　書　店
印刷　太平印刷社
製本　中永製本
電話（代表）03-3813-4651　FAX 03-3813-4656　振替00130-7-16387
http://www.otsukishoten.co.jp/



ISBN978-4-272-21115-9　C0031　Printed in Japan